ウェルビーイングを実現する スマートモビリティ

Smart Mobility for Well-Being

事例で読みとく地域課題の解決策

編著 **石田東生 宿利正史** 著 地域の未来を変える モビリティ研究会 学芸出版社

はじめに

　人が様々な欲求を満たそうとする際、移動することができなければ、働くことも、学ぶことも、通院することも、買い物に出かけることも、観光することもできません。手元にあるスマートフォン等の端末1つで会話、買い物、動画鑑賞等が可能となるなど、移動せずとも様々なサービスを享受しやすい環境が整ってきましたが、人が移動しなくてもモノの移動は必要であり、また人々が健康で幸せな生活を送る、いわゆるウェルビーイングであるためには、何らかの活動を行う場への移動は必ず生じます。人が生きていく上で、ウェルビーイング（心身も社会的にも健康で良い状態）であることと、人やモノの移動のしやすさ、すなわちモビリティとは密接な関わりがあります。

　人口減少や高齢化等を背景に、都市部から過疎地まで様々な地域が多様な課題に直面していますが、これらの課題を解決する方法として、移動を工夫することで大きな効果が得られる場合があります。例えば、近隣に病院がない地域では、病院を新設するよりも、少し離れた既存の病院までの移動手段を提供するといった方法です。これまでも、地域課題を解決する手段として、モビリティに関わる取り組みが全国で数多く行われてきました。

　長らく陸上での移動を担ってきた交通手段は鉄道・バス・タクシーが中心でしたが、デジタル化の進展を背景に交通分野におけるDX（デジタルトランスフォーメーション）が進み、人やモノを運ぶ多様な形態の輸送手段が登場し、配車アプリの技術を世界的に展開する大規模なモビリティプレイヤーが登場する等、移動に関わる新たなイノベーションが次々と生まれています。これは国内においても同様です。そのイノベーションは、大都市に限らず観光地や過疎地にまで広がりを見せており、AI等の先進技術を活用するものもあれば、従来からある技術の組み合わせ等による創意工夫で取り組まれているものもあります。

　モビリティに関連した技術や工夫の進化は、地域が抱える課題をモビリティで解決して人々を幸せにする手段に多様な選択肢をもたらし、従来は困

難だと考えられていたサービスを実現できる可能性は飛躍的に高まりました。しかしながら、多様な主体の関与が必要であること、既存の事業制度上の位置づけの曖昧さなど、導入の際には数多くの困難があります。そこで我々は、高度化・多様化するモビリティサービスを全国の各地が抱える地域課題を解決する手段として活用していくための方策や実際に直面した困難の克服方法等について、事例調査などを含めて検討してきました。

　本書は、地域課題の解決に取り組むみなさんが、解決策の有力な1つの選択肢としてモビリティサービスを活用してもらうことを念頭に、取り組みにあたっての考え方や活用する際のポイント、さらにはこれらを促進するための法制度等に関わる仕組みについて、とりまとめたものです。1章では、ウェルビーイングとモビリティとの関係について説明した上で、本書で示すモビリティサービスとはどういうものなのかを解説しています。2章では、モビリティサービスが地域課題の解決のために活用されている各地の事例を紹介しています。3章では、モビリティサービスの活用に取り組みたいと考える人々に、ぜひあらかじめ知っておいていただきたい交通政策の基礎となる考え方を解説しています。4章では、モビリティサービスの活用にあたって直面すると考えられる課題を示し、その課題を解決するための8つのポイントをとりまとめました。ここでは、あくまでも現制度を前提として、即効性のある解決策を導くための考え方を示しています。5章では、モビリティサービスをより活用しやすくなるような法制度等の改善を提案しています。

　最後に、本書のタイトル「ウェルビーイングを実現するスマートモビリティ」に、あえて「スマートモビリティ」という言葉を入れた思いをお伝えしたいと思います。スマートモビリティという言葉は、多くの人には、高度なICT等を活用した移動サービスを表す言葉として受け止められるのではないかと思います。しかし、我々が考えるスマートモビリティは、それとは異なるものです。我々が考えるスマートモビリティとは、人々のウェルビーイングを実現するために、地域課題を解決する手段として移動に関わる様々な工夫を凝らすことです。テクノロジーそのものが重要なのではなく、賢くモビリティサービスを使う点こそが強調したい点です。テクノロジー偏重の概

念を変えていくべきである、ということをみなさんに投げかけていきたいという意図を込めて、あえて多くの方々にはテクノロジーを感じさせる言葉である「スマートモビリティ」という言葉をタイトルに含めることにしました。

　本書を通じて、地域の課題解決に日々取り組んでいる方々に、移動を工夫することも併せて考えてもらえるようになること、そして移動を工夫する手段として新しいモビリティサービスを活用してもらえるようになることを期待します。

石田東生

目次

1章

ウェルビーイングを実現する
モビリティサービス

　ウェルビーイングとモビリティサービスとの間には密接な関わりがあります。移動の工夫に取り組むことが、地域が抱える様々な分野の課題の解決につながり、人々をウェルビーイングに導くことができます。その際、単に個人の幸せが最大化されればよいわけではなく、地域が持続可能であることもあわせて考えていかなければいけません。

　本章では、ウェルビーイングや持続可能な地域づくりとモビリティとの関係性、モビリティサービスとはどういうものなのか等、本書を読み進める上で必要となる基本的な考え方をご紹介します。

1.1　ウェルビーイングとモビリティ

1　注目を浴びるウェルビーイング

　人の幸せに関する考え方として、近年、「ウェルビーイング（Well-being)」という考え方が注目を浴びています。この言葉は、個人が幸福であること、また、肉体的・精神的・社会的に満たされた健康な状態であること、を表すものです。個人が「ウェルビーイング」であることと、個人の移動のしやすさを表す「モビリティ」とは密接な関わりがあります。モビリティとの関係を考える前に、まずは人がどうあればウェルビーイングであるのか、を考えてみたいと思います。

　まず第一に欠くことができないことは、人が「生存」できるということです。生きていけなければ幸せを感じるどころではありません。第二に「生きがい」があることが重要です。主観的幸福感、達成感、成長感などが得られなければ、人は幸せであると感じられないと考えられます。こうした考え方は、心理学者のアブラハム・マズローが人の欲求に関して理論化した5段階欲求説にも通じるものです（生理的欲求・安全の欲求が「生存」、社会的欲求・承認欲求・自己実現欲求が「生きがい」に相当する）。

2　「生存」と「生きがい」を支えるモビリティ

　では、「生存」と「生きがい」の2つの切り口とモビリティにはどのような関わりがあるのでしょうか（図1）。

　「生存」するには生命が守られ、衣食住が充足していなければなりません。このためには、人々の安寧な暮らし、強靭な国土・空間、物流といった要素が重要です。衣食住を充足するために、また災害からの復旧・復興のためには、人やモノが動く必要があることから、モビリティと関わりがあることがわかります。「生きがい」は、学び、働き、育み、遊び、交流することなどを通じて得られる達成感や成長感が感じられることと捉えることができます。最近では、オンラインを通じて様々な欲求を満たすことができるようになっ

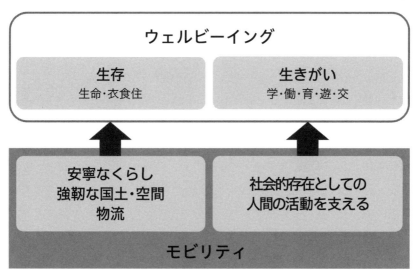

図1 「生存」と「生きがい」を支えるモビリティ

てきましたが、活動するためにある場所に出かけなければならない状況は依然として変わっていません。このことからも、私たちの暮らしとモビリティとの関係性が見てとれます。人が「生きがい」の感じられる日常を送ることができるのは、モビリティのおかげだと言っても過言ではありません。

3　モビリティから地域課題を解決し、ウェルビーイングを実現

　もちろん、ただモビリティを高めればよいというわけではありません。「生存」や「生きがい」の欲求を満たすには、医療、福祉、健康、雇用、観光、教育、環境、防災など、地域が抱える様々な分野の課題を1つ1つ解決していく必要があります。こうした課題に対し、行政と民間企業が協力し、各分野で様々なサービスやコンテンツを提供できるように、コトづくりや施設の整備等に取り組んでいます。しかし、機能を提供する場所にスムーズにたどり着くことができるようにする取り組みは十分に進んでいません。目的地にたどり着けなければ、サービスやコンテンツは提供されていないも同然です。サービスやコンテンツが提供されている場所にたどり着けるよう

になって初めて、人々はその恩恵を享受できるようになります。ですから、サービスやコンテンツづくりに加えて、場所へのアクセス性を高めることも同じように大切なことです。

　一方で、場所へのアクセス性を高める取り組みを行っていたとしても、それが非効率なサービスにとどまっている状況も見られます。アクセスの確保に向けて移動手段を提供する取り組みは、往々にして特定の目的に限定され

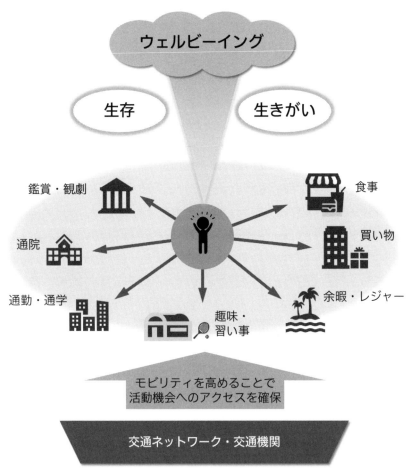

図2　ウェルビーイングと交通ネットワーク・交通機関との関係

た輸送（例えば、福祉輸送、スクールバスなど）となっており、他の輸送
サービスと重複するなど、非効率な輸送が行われていることも少なくありま
せん。モビリティは、あらゆる活動の基盤となるものです。そこでは、様々
な移動手段の選択肢を増やしながらも、効率化のために目的を束ねて輸送す
るという調整が重要となります。

　ウェルビーイングを高めるために、人やモノを輸送する手段であるモビリ
ティサービスを活用して人々のモビリティを効率的に高めることは有効な手
立ての1つです（図2）。それゆえ、交通に関わる人々の中だけで検討する
ことではなく、様々な分野に関わる問題だと認識し、改善に向けて取り組む
ことが重要になります。

1.2　持続可能な地域づくりとモビリティ

1　SDGs とモビリティ

　前節では、モビリティを高めることが個人のウェルビーイングの実現につ
ながることを示しましたが、それが一時的なものとならず、持続可能なもの
としていくことが重要です。すなわち、持続可能な地域づくりとモビリティ
との関係についても考慮しておく必要があります。

　2015年9月の国連サミットで採択された「Sustainable Development
Goals（持続可能な開発目標：SDGs）」では、17の目標とそれを達成する
ための169のターゲットが示されています。公共交通に関して直接言及し
ているのは以下の1つしかないように見えます。

> 11.2
> 2030年までに、脆弱な立場にある人々、女性、子供、障害者、お
> よび高齢者の要望に特に配慮し、公共交通機関の拡大などを通じた
> 交通の安全性改善により、すべての人々に、安全かつ安価で容易に
> 利用できる、持続可能な輸送システムへのアクセスを提供する。

しかし、よく見ると、169 項目中 29 項目のターゲットに「アクセス」という言葉が含まれていることがわかります。もちろん、「アクセス」という言葉は場所にたどり着くことだけを示しているわけではありませんが、人々が何らかのサービス等にアクセスできることの重要性を示していることは間違いありません。人々のモビリティを高めることは、目的地へのアクセス性を高めることにつながります。

2　カーボンニュートラルとモビリティ

　近年特に注目を集めているカーボンニュートラルの実現には、交通分野が果たす役割が大きいです。なかでも車両やインフラにおける脱炭素の取り組みへの関心は高まっており、電気自動車や燃料電池自動車などの開発促進や、車両への単体規制などの取り組みが進められています。最近では、電動化やシェアリングなど、脱炭素に向けたサービスも展開されつつあります。

　移動のカーボンニュートラルを実現する上でもう 1 つ重要なのは、個々の交通手段を全体として 1 つのシステムとして捉え、効率化を図り、脱炭素を目指すという視点です。脱炭素を進める上では、日常生活において自動車に過度に依存せずに、公共交通の利用を中心としたライフスタイルが可能となる地域づくりを進めていくことが重要です。

3　地域の安全性とモビリティ

　人々が安全に活動できることは、モビリティに期待される役割の 1 つです。移動を安全に行うことができなければ、活動を安心して行うことができなくなってしまいます。近年では、高齢化を背景に高齢ドライバーが増え、アクセルとブレーキの踏み間違い等による痛ましい事故が各地で発生しています。近くに交通サービスがない高齢者は、生活のために自ら自動車を運転せざるをえませんが、そうした状況が引き金となって交通事故を起こしてしまう可能性があります。一方で、運転免許証の返納は、見方によっては、安全性の確保の引き換えに個人の自由な移動を制限するものでもあり、生存のための活動の妨げとなってしまう可能性もあります。特に、自動車の代わりになる

移動手段がまったくない状況は、生活に支障をきたすことにもなります。

　プロフェッショナルによって支えられている鉄道やバス等の公共交通は、安全性に極めて優れた輸送手段です。地域に公共交通が存在することが、地域全体の安全性を底上げしています。公共交通を活かしながら安全に移動できる環境をどのように構築していくのか、その将来像は持続可能な地域づくりを考える上で重要な視点です。

4　誰もが移動できる環境づくりに向けて

　以上から、人がウェルビーイングであるためにはモビリティが重要であることはおわかりいただけたのではないでしょうか。人が何らかの欲求を満たそうとするためには、移動が必要不可欠です。すべての人々が幸せを感じられるようになるためには、誰もが自分の意志で、できる限り自由に移動できる環境を整えることが重要です。

　モビリティを高めるには、すべての人がマイカーを持てばよいのではないかという考え方もあります。しかし、全員がマイカーを所持したからと言って、必ずしも誰もが自由に移動できるようにはなりません。運転免許証を返納した高齢者、自動車を運転したくない人、運転免許証を取得できない学生や子供などにとっては、家族が車を保有したとしてもモビリティが大きく高まるわけではありません。また、マイカーに過度に依存することになると、道路の渋滞を招き、全体としてのモビリティは逆に低下することも考えられますし、環境負荷の増大にもつながります。運転に慣れていない人であれば、交通事故が発生するリスクが高まります。また、鉄道やバスなどの公共交通の利用者が減少することで、路線の縮小が進み、さらに自動車の利用が増加してしまいます。これでは持続可能な地域とは言えません。

　こうした問題に歯止めをかけるとともに、誰もが幸せを感じられるようにするためにも、誰もが使える公共交通を中心とした交通体系を軸として人々のモビリティを確保していくべきです。

1.3　モビリティサービスがもたらす多様な価値

1　モビリティサービスとは

　「モビリティサービス」という言葉は、人やモノを運ぶ行為やそれを運ぶ車両、サービスを運営する事業など、様々な場面で様々な意味合いで使われているため、混乱を招きやすい言葉です。例えば、「バス」という言葉は、大型の自動車を指すこともあれば、大量輸送機関として運賃を収受し、定時定路線で人を運送する事業を指すこともあります（図3）。

　本書では、車両および移動に関わる事業が利用者に提供する価値に着目したいと思います。路線バスが提供するサービスは、「バス停の間を運んでくれる」という価値です。車両や事業の形から離れて、利用者が得られる価値そのもの、および、その価値を提供する行為を「モビリティサービス」と定義することにします。

> モビリティサービス
> 様々な交通機関と情報技術等を組み合わせることで創出される、「移動のしやすさ」に関わる無形の価値、および、その価値を提供する行為のこと

車両としてのバス

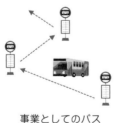
事業としてのバス

"サービス"としてのバス
（移動の場合）

図3　様々な意味合いを持つ「バス」

2　人やモノを運ぶだけに限らない、多様化・高度化するモビリティサービス

　移動に関わりのある価値に着目して考えると、従来の鉄軌道・路線バス・コミュニティバス・タクシー・デマンド型交通[*1] などが提供してきた価値というのは、人をある場所からある場所まで運ぶこと、と捉えられます。これに対して、ICT の発達が新たな車両やビジネスを生み出して「運ぶ」ことを多様化させるとともに、従来の「運ぶ」というサービスに対して様々な価値がもたらされるようになってきました。従来からある鉄道・路線バス・タクシーが提供してきた「運ぶ」という価値に対して、最近では以下の５つのサービスが新たに提供され始めています（図4）。

①きめ細やかな移動を実現する輸送サービス

　　従来の路線バスやコミュニティバスでは事業を成立させるのが困難な地域における輸送や、特定の人々向けの輸送など、従来からあるサービスでは十分にカバーできなかった輸送を提供するサービス。タクシーの相乗りサービス[*2] やオンデマンド交通[*3] などの「デマンド型交通」が当てはまる。

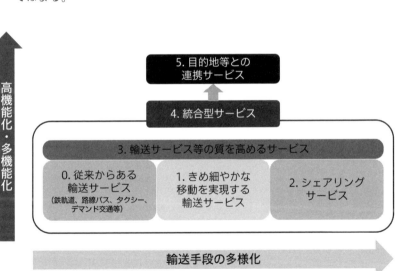

図4　多様化・高度化するモビリティサービス

②シェアリングサービス

利用者自らが運転する自動車・自転車・電動キックボードなどを貸し出すサービス。駐車場やポートがあればどこでも乗り捨てが可能なサービスの場合は、1人1台保有するのではなく、皆でシェアすることで、移動の自由度が高まり、効率化が図られる。

③輸送サービス等の質を高めるサービス

従来からある輸送サービスや前述の①②に対して、様々な工夫を凝らすことで輸送資源の質的価値を高めるサービス。例えば以下のようなもの。

支払いの手間の削減：ICカード、コード決済、銀行振込（サブスク）

利用時の安心感の向上：事前確定運賃、経路や現在地の見える化

呼び出し時間の短縮：AI最適配車

わかりやすさ：経路検索、運賃検索など

混雑の回避：混雑情報の提供、混雑回避のためのインセンティブ付与

移動の選択肢の拡大：高額で速いサービスと遅くて安いサービスを選択可

バリアフリー：バリアフリー経路への誘導、交通機関乗り継ぎのシームレス化

④統合型サービス

個々の車両による移動を一体として捉え、様々な輸送手段を組み合わせて容易に活用できるようにする統合的なサービス。いわゆるMaaS [4] はここに該当する。出発地から目的地までの経路検索時に多様な車両等を組み合わせたルートが示され、併せて予約や運賃・料金の支払い等が一体で可能となる。マイカーにより実現されたドア・トゥ・ドアの便利な移動が、多様な輸送資源の組み合わせにより実現できる可能性がある。

⑤目的地等との連携サービス

例えば、地域の観光資源の情報の入手や入場券の購入とそこまでの移動手段の手配を一括で行えたり、病院の予約とそこまでの移動手段とを同時に予約できたりするなど、移動と他分野のサービスを一体的に享受できるようなサービス。

従来のモビリティサービスが提供してきた価値が限られた形態の「運ぶ」という行為であるのに対して、今では移動に関連して①〜⑤の価値が提供されつつあります。これらの新たな価値および価値を提供する行為を「新しいモビリティサービス」と呼ぶこととします。輸送手段が人々や地域に提供できる価値は従来と比較してはるかに高度化・多様化していることから、人をより幸せにし、地域を持続可能にするためのツールとしての利用価値も一層高まっています。

コラム **本書でのデマンド型交通の呼称について**

　電話・スマートフォンによる予約に基づき自由経路で運行する乗合サービスについては、以下のような様々な用語が用いられています。
　・オンデマンド交通
　・デマンド交通
　・AI オンデマンド交通
　・デマンド型乗合タクシー
　・AI オンデマンドタクシー
　・デマンドタクシー
　・オンデマンド型の乗合送迎サービス
本書における扱いを整理します。
　そもそも、最も純粋な「デマンド」交通は、マイカーを除けばタクシーが該当します。しかし、タクシーは輸送効率が低く高コストなため、情報通信技術を活かして、ドア・トゥ・ドアまたはそれに近い輸送サービスを需要を束ねて効率よく提供することが追求されています。したがって、「需要応答型運行＋乗合」というあり方が、これらの「デマンド」交通に共通する特徴だと言えます。
　上記の各種用語では、「デマンド」が需要応答型運行であることを示し、「タクシー」は使用する車両（通常のタクシーに用いられるタイプの小型車

両）を示しています。そして、名称全体が単なるタクシーとは違っていることで、タクシーとは異なる特徴＝乗合であることを示すという構造になっていると言えます。

本書では、こうした需要応答型運行＋乗合を特徴とする交通サービスを、統一して「デマンド型交通」と呼称することとします。

3　重要なのは、技術ではなく価値を高めること

モビリティサービスという言葉を聞くと、新技術を活用するものだと思われるかもしれませんが、必ずしもそうではありません。モビリティサービスを移動に関連して提供される無形の価値として捉えると、価値をいかに高めるかが重要であり、用いる技術はそれほど重要なことではありません。もちろん、ICT を活用することで様々な最適化やマッチング等が行いやすくなり、提供できるようになったサービスもあります。しかし、現に各地で行われているモビリティサービスを活用した取り組みの中には、スマートフォンよりも電話を中心に据えた配車の予約システムなどのように、従来からある技術を用いている事例も数多くあります。

ですので、ICT 等の新技術を活用することが重要なのではありません。重要なのは、地域が抱える課題に対して、移動に関連したどのようなサービスを提供すれば課題解決に導けるのかということであり、さらにはそのサービスを提供するためにどのような工夫がありうるのかを考えることです。あくまで、その工夫の選択肢の 1 つに ICT の活用があるのです。

＊1　予約型の運行形態の輸送サービスを指す。福祉輸送や特定施設の送迎サービス等は含まない。
＊2　配車アプリ等を通じて、目的地が近い旅客同士を運送開始前にマッチングし、タクシーに相乗りさせて運送するサービス。
＊3　AI を活用した効率的な配車により、利用者からの予約に対してリアルタイムで最適に配車を行うシステム。
＊4　地域住民や旅行者1人1人のトリップ単位での移動ニーズに対して、複数の公共交通やそれ以外の移動サービスを、最適に組み合わせて1つのサービスとして提供する次世代のモビリティサービス。

2章

モビリティサービスで
地域課題に挑む先進事例

　地域課題の解決を目的としたモビリティサービスに関する取り組みは全国的に急速な広がりを見せており、注目度はますます高まっています。その取り組みの内容は、民間企業等による創意工夫もあり、非常にバラエティに富んでいます。なかでもICTを駆使した先進的な取り組みが注目を集めていますが、実態はそればかりではありません。どの地方都市にも共通するような課題に果敢に挑む人たちや、過疎地域でモビリティの確保に奮闘している人たちの姿がそこにはあります。

　本章では、そうした地域課題の解決に向けて進められている各地の取り組みを紹介します。

2.1　事例紹介

　全国各地で行われている実証実験は、その時々で検証したい事項があって行われます。実証実験は大きな流れの中での一時的な事業であるため、その内容を把握するだけでは取り組みが最終的に意図する真の狙いが捉えられない上に、技術的側面への関心が先行してしまうことが往々にしてあります。しかし、先進的にモビリティサービスに取り組む人々は、取り組みの動機となる地域課題の解決をしっかりと捉えて、課題解決に向けてモビリティサービスを活用しています。こうした状況を知っていただくために、数年にわたりモビリティサービスに関する取り組みを先進的に進めている4つの事例を紹介します。

事例 1	**チョイソコ** 健康増進のための乗合送迎サービス

1　高齢者の外出を促進するデマンド型サービス

　路線バスなどの公共交通の利用者は、全国的に減少傾向にあります。それにより現状の運行本数を維持できなくなれば、買い物や通院の移動が不便になる住民が現れることは明らかです。この状況を放置すると、高齢者の自宅への閉じこもりを助長しかねません。歩かなくなることで健康に悪影響を及ぼすことも容易に想像されます。

　こうした社会問題が広がるなか、愛知県刈谷市に本社を構える自動車部品メーカーの株式会社アイシンが2018年7月に同県の豊明市で開始した乗合送迎サービスが「チョイソコ」です。現在は全国各地で展開されているこのサービスでは、①買い物先の減少、②既存公共交通の減便等による移動手段の減少、③高齢者の運転免許証自主返納の促進などを要因として今後増加すると考えられる「買い物弱者（交通難民）」をいかに減らすことができるか

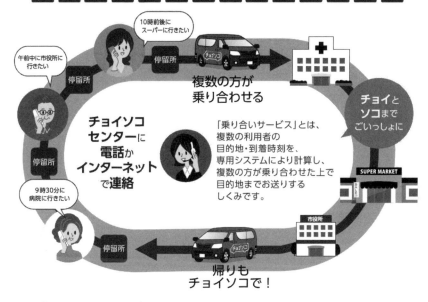

図1 「チョイソコ」のサービスの仕組み (出典：チョイソコのホームページ)

という課題に対して、モビリティサービス導入の視点から解決に取り組まれています。

　チョイソコは、地域の移動難民、主に高齢者の外出促進を目的としたデマンド型の乗合送迎サービスです。具体的には、会員登録した利用者が、電話かインターネットで乗り場と行き先、到着時刻などを連絡することで、指定時間に車両が迎えに来てくれ、目的地まで送り届けてくれるサービスになります（図1）。

　チョイソコは、いわゆる路線バスのように運行時間やルートが決まっていません。指定のエリア内に停留所が点在しており、利用者の要望に合わせて柔軟な移動が可能なサービスになっています。同じ時間帯に複数の利用者がいる場合には、専用のシステムが目的地と到着時刻を解析し、利用者が乗り合わせた上で目的地まで移動します。このシステムにより、利用者それぞれ

のニーズに対応しつつ、地域内での移動の利便性が高められています。

　地域にチョイソコを導入する場合、アイシンでは地元のタクシー事業者等に委託し、車両を運行してもらうようにしています。委託を受けた事業者にとっては固定的な収入が得られるメリットがあります。

　また、チョイソコの大きな特徴の1つに、地域の特性に合わせて運行の仕組みを検討できる点が挙げられます。地形や住民の居住地、商業施設等の立地、既存交通の配置など、地域によって状況は様々です。車両のサイズや台数も柔軟に対応可能で、地域に合わせた運行形態でサービスを導入できる形が整えられています。

2　エリアスポンサーからの協賛金で収益を向上

　一般に、公共交通の需要が少ない地域においては運賃収入だけで公共交通を維持していくのは非常に困難です。そのような状況下で、どうすれば収益を確保できるでしょうか。

　運賃収入は「利用者数×運賃」ですから、そのどちらか、もしくは両方が増えればよいことになります。しかし、新型コロナウイルス感染症の流行も加わり、ただでさえ利用者が減っている現状で利用者数を増やすことは容易ではありません。

　では、運賃の値上げはどうでしょうか。チョイソコの全国展開を牽引してきたアイシンの加藤博巳氏は、「500円の壁がある」と語り、運賃収入を増やすために利用料金を500円以上に設定すると利用者数が減ることがわかってきたのだと言います。500円であればタクシーよりは安いように思われます。しかし、片道500円、往復で1000円を支払うのであれば、外出しない、もしくは外出の頻度を減らすという声が全国で聞かれたそうです。現在、日本各地で走行するコミュニティバスの過半数は100円あるいは200円と非常に低価格で利用できるため、この価格帯に慣れていることが1つの要因ではないかと言います。

　運賃収入だけでは十分な収入が得られない場合、多くの自治体が補助金により収益を確保しようとしてきました。しかし、チョイソコでは、サービス

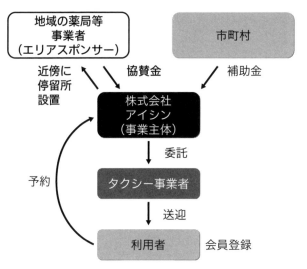

図2 「チョイソコ」の運営の仕組み（出典：インタビューをもとに筆者作成）

を設計する段階から運賃以外の方法で収入を得ることが考えられています。その1つが、「エリアスポンサー」と言われる各地域の企業から協賛金を得て、それを予算に充当していくという仕組みです（図2）。

　薬局やスーパー、病院など地元に貢献したい企業がチョイソコを支えるために協賛金を支払うことで、エリアスポンサーとなります。エリアスポンサーは当該施設前への停留所の設置、会誌や停留所への広告の掲示等により集客につなげられるメリットがあります。豊明市では当初18社だったスポンサーが、2021年時点で60社ほどにまで増えているということです。

　運賃とエリアスポンサーによる協賛金で足りない分については、自治体による支援が必要となります。その金額は、エリアスポンサーが増える（収益が増える）と減らすことができます。そのため、自治体がエリアスポンサー獲得などに取り組む動機としても機能しているそうです。

　自治体にとっては、公共サービスの充実化という形で既存交通の見直しができる、交通事業者にとっては、比較的廉価な価格で送迎サービスができるというメリットがあります。また、目的地となる施設とスポンサーという形で連携することで、商業施設や病院等にもメリットがある三方良しの取り組

みだと言えます。

3 オペレーターの共通化による効率化

チョイソコの主な利用者である高齢者の多くは、スマートフォンによる予約に慣れていません。実際、2021年10月現在、スマートフォン、メール、IVR（自動音声応答システム）、オペレーターという4つの方法で予約が可能であるにもかかわらず、ごく一部の利用者（主にスクールバス利用時の生徒の保護者）を除いた98～99％がオペレーターへの電話予約を利用しているそうです。

しかし、電話受付業務を担うオペレーターを雇うにも人件費がかかります。そこで、アイシンでは、全国各地の電話受付業務を本社内にあるオペレーターセンターに集約することで経費節減を実現しています。当初2名から始めた業務は、サービスを提供する自治体が増えるとともに2021年10月時点で15ラインにまで拡大しています。

さらに、オペレーターの余力を活かした業務の推進にも取り組まれています。オペレーターの方々の仕事は予約の電話を受けることですが、電話が常にかかってくるわけではないため、ある程度手が空く時間があります。そこで、電話対応用のデスクの背後に作業用のデスクを併置することで、合間を縫って会員登録や協賛金の管理、各種資料の作成といった他の業務も同時に行える環境が整えられています。こうしたオペレーターの空き時間を有効活用する取り組みの中から、コミュニティづくりなどの新たなサービスが生まれた実績もあるそうです。

4 移動支援の枠を超えた一歩先の取り組み

もともとは高齢者の外出を促進し、健康を支えるサービスとしてスタートしたチョイソコですが、現在では単なる移動サービスの提供にとどまらず、より大きな「外出機会をつくる」取り組みにも着手されています。

その1つが、アライアンスパートナーと共催する勉強会をはじめとする学び場の創出です。2021年時点では、勉強会はすべての地域で毎月の実施

を目指していると言います。100回を超える実績とともに、誰が何をするという役割分担や手順書のノウハウも蓄積されています。そうしたノウハウを共有することで、どの地域でも同じ取り組みが簡単にできるような仕組みが構築されています。

　また、高齢者向けの「コトづくり」のイベントも実施しており、屋内での「まちかど運動教室」のようなイベントもあれば、「ウォーキング」や「いちご狩り」などのイベントもあり、その内容は多岐にわたっています。こうしたイベントでは、日常生活の移動手段という枠を超えて、新たな人々や趣味との出会いを促進するコミュニケーションの場へと誘う移動手段としてチョイソコを活用するという試みが見られます。

5　全国に広がるサービスへ

　加藤氏は、異業種の人々と知り合うために、各地のセミナーやシンポジウムに積極的に参加しているそうです。いろいろな業界の人と触れ合うなかから新たなサービスを構想するのだと言います。一方、社内でもアイデアを出しあっては議論し、法制度や安全性に気を配りながら即時に実行することも意識されています。

　加藤氏によると、県外ではアイシンという会社自体が知られていないことも多く、パートナーとなる企業探しに苦労することもあるそうです。そこで、自治体や商工会議所を窓口としてアイシンが説明する機会を設け、現地でのパートナー企業を地道に集めているとのことです。

　2018年に豊明市で実験的に始められたチョイソコは、2021年8月時点で20カ所以上、2022年5月時点で30カ所、2022年度内で40カ所（予定）にまで広がりを見せており、実験で終わることなく社会実装されることを前提に取り組まれています。2020年以降は新型コロナウイルス感染症の影響から利用者が大きく減少しているそうですが、厳しい状況にもかかわらず何とかこのサービスを継続させていこうという強い意志が加藤氏の発言にも感じられます。

　強い意志と行動力で今後も新たな取り組みをどんどん生み出し、現場では

地道にパートナーを探す。この両輪がチョイソコの拡大につながっていくのかもしれません。

事例 2	**井田いきいきタクシー** 過疎地域の暮らしを豊かにする定額制配車サービス

1 過疎が進む山間集落の交通事情

　島根県大田市温泉津町井田地区は、同市の南西端の山中に位置する過疎集落です。人口 563 人、高齢化率 53.6%、後期高齢者人口割合 30.9%、年少人口割合 5.0% と少子高齢化が極端に進んでおり、農業以外の目立った産業もなく、今なお人口の減少が続いています。

　加えて、移動手段の確保も地区の課題になっています。公的補助で確保されている路線バスは 1 日 4 往復しかなく、最寄りの駅は山を越えた 7km 先にあるため、気軽にアクセスできる交通手段はありません。路線バス以外に自治体が運営する通学用のバスが運行していますが、あくまで朝夕の通学に特化したものであり、住民の通院や買い物のニーズに合ったものではありません。こうした状況下で、マイカーを自由に使えない住民は、近所や家族の送迎で何とか生活を保ってきたのが実情です。

　一方で、マイカーを使う住民にとっては、家族の人数分のマイカーを所有することの負担には重いものがあります。また、公共交通が不足しているがゆえにマイカーに依存した生活を送っています。そのため、60 〜 70 歳代で公共交通の利用が増える他地域とは異なり、この地区では高齢者が自動車を運転する状況が根づいている現状があります。

　ここでは、このような過疎地域をフィールドに、定額制タクシーのアイデアをもとに課題解決に取り組む株式会社バイタルリードの活動を紹介します。

2 ボランティア頼み・公共交通では限界がある
　　過疎地域の移動手段

　出雲市に本社を構えるバイタルリードは、交通関係のコンサルタント業務を手がける会社です。同社では、井田地区を手始めに、過疎地域で定額乗合タクシーを導入し、地域課題の解決に取り組んでいます（2019 年 11 月から 2020 年 3 月まで実証実験、2020 年 4 月から本格運行）。森山昌幸社長にその取り組み内容についてうかがいました（2020 年 9 月に取材）。

　これまで、中国地方の過疎地域ではボランティアによる移動手段確保の取り組みが進められてきました。しかし、開始当初はよいものの、10 年以上も経つと担い手のボランティアの熱意が減退するほか、ボランティア自身が高齢化し手助けされる側になるなど、その持続性が危ぶまれるようになっている実態があると言います。そこで、バス・タクシー会社のプロドライバーをなるべく確保して行う仕組みを構築すべきだと考えたそうです。

　一方、公的補助によって確保されている現状の公共交通も、今の仕組みでは効果的とは言い難い状況であると森山社長は言います。島根県の場合、1人を 1km 運ぶのに 20 万円もかかる補助路線もあるのだそうです。自由にタクシーに乗ってもらった方が圧倒的に安いのです。事実、島根県内の収支率 20％以下の路線バスすべてをタクシーに変えて半額を補助したとしても、8000 万円ほどの補助が不要になるという試算結果もあるそうです。

　これまでの公共交通とは異なる効果的な方法を考えなければならないのが過疎地域の実態です。

3 過疎地域のタクシー会社を取り巻く現状

　森山社長は、過疎地域の移動の足を支えるプロドライバーの受け皿はタクシー会社であるべきだと考えています。しかし、過疎地域のタクシー会社のビジネスモデルは行き詰まっており、その解決も必要だと指摘します。

　新型コロナウイルス感染症の流行前は、ある程度人口の集積があれば何とか利益が出る事業でしたが、流行後は営業時間の短縮などに伴いタクシー会社の経営は非常に厳しくなり、会社数も減っています。加えて、ドライバー

の年収が200万円に届かない現状もあります。ドライバー確保のための取り組みもいろいろと行っているとのことですが、中堅以上のバス会社にドライバーを送り込むのはまだよいとしても、過疎地域のタクシー会社にドライバーを送り込むのは本当によいことなんだろうかという悩みもあるそうです。

　一方で、若者が働ける環境にはないと森山社長は言います。タクシー会社の経営者の中にも、車の自動運転技術が普及すれば自分たちの仕事がなくなると会社をたたむことを考えている人や、仮に自分の子供が跡を継ぎたいと言っても継いでほしくないという人もいるそうです。すでにそういった状況にあることから、ビジネスモデル自体を改変していく必要性を感じていると森山社長は語ります。

4　課題解決策として定額の乗合タクシーを企画

　森山社長は、このような地域の状況に対して、移動の足をボランティア任せではなく、適正な費用負担のもとにプロドライバーが担う仕組みとして、定額タクシーというモデルによる課題解決を考案しました。

　その案では、これまでのフロー型のビジネスとしてのタクシー事業を脱却し、ストック型のビジネスとして、顧客をある程度囲い込んで安定的に収入を上げていくことを考えたそうです。そこで、アンケートを取ってみると、月7000円の会員を80人集めることが年収を確保する目安になるのではないかということが見えてきたそうです。

　それらを踏まえて、井田地区で始まったのが「井田いきいきタクシー」です。会員を対象に月額3300円で定額乗り放題にする乗合タクシーで、考え方によっては月あたりの公共交通に使うお金を増やしている（値上げ）とも言えます。ですが、逆に言えば、値上げになるかもしれないけれども乗り放題という新たな価値が提供されるということでもあります。

5　予約をずらして束ねる配車システム「TAKUZO」の導入

　井田いきいきタクシーでは、バイタルリードが開発した過疎地域向けの配車システム「TAKUZO」を用いています。このシステムでは都市部のオン

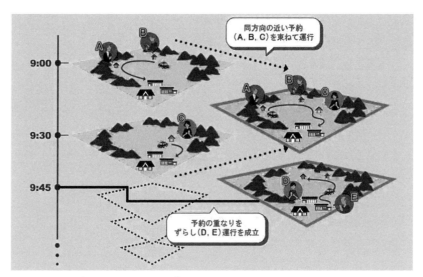

図3　過疎地域向けの配車システム「TAKUZO」の仕組み
(出典：株式会社バイタルリードのホームページ)

デマンド交通とは異なる仕組みが採用されており、森山社長は、バイタルリードのスタッフが他の地域にオンデマンド交通の視察に行った際に、5分ずらして類似のルートを予約してみたところ2台のタクシーが来たことを挙げ、都市部の最適化の条件は過疎地域には向かないと指摘します。

　井田いきいきタクシーが実際に運行しているのは、平日9時から16時のタクシーの閑散時間帯です。しかも、田舎であるため車両数も最小限にとどめ、1台しか投入していないとのことです。そのため、誰かが先に予約している場合、同じ方向であれば一緒に乗り合って移動する仕組みとなっています（図3）。一方で、行先が反対方向であれば、住民は利用する時間をずらす必要があります。

　また、時間の提案による効率化も図っています。例えば、田舎の高齢者たちの買い物の日時は融通が利きますので、買い物などは午後にしましょうというような提案をすることで需要をコントロールする仕組みが採り入れられています。「TAKUZO」の配車の仕組みは、いかにみんなが速く移動できるかという総使用時間をいかに最小化するかの効率性ではなく、みんながずら

すことで幸せな生活を担保できる移動環境をつくっていこうという観点から組み立てられているのです。

　このように、田舎に点在する移動需要をできるだけ束ねることによって運行時間に余裕を持たせつつ、束ねることが難しい場合の運行を成立させているのが「TAKUZO」の仕組みです。ただし、鉄道の乗り継ぎや病院の予約といった時間の厳守が必要な場合については、きちんと時間厳守で送迎するというポイントは抑えており、その点も大きな特徴です。

6　若者が継げるタクシービジネスモデル

　過疎地域においても、プロドライバーによる移動サービスを提供し続けるためにはタクシーのビジネスモデルを変革する必要があります。

　森山社長は、若者が働けるタクシー業にしていくための１つの指標として、2017年の終わり頃から、ドライバーの年収を400万円にするにはどうすればよいかを常に考えてきたそうです。そこで森山社長が提案しているのが、定額タクシーによる「フロービジネスからストックビジネスへの転換」と、タクシーの「総合生活産業化」です。井田いきいきタクシーは、まさにそれを実証する第一歩目の取り組みとなっています。

　森山社長は、今後の見通しについて、「月額運賃4000円で会員50人だと収入は20万円となり、今の一般タクシーと遜色はありません。ですが、定額タクシー＋他時間帯・土日＋貨客混載＋救援事業と考えると、今の一般タクシーの収入水準よりも高くする必要があります。乗合部分には行政補助も入れてもう少し稼ぎたいと思っています」と語ります。貨客混載について言えば、2020年11月から鳥取県大山町で同じような乗合交通で荷物を運んでいる事例がありますが、人口7000人の規模の町で、常温・時間指定なし・代引きなしの荷物が１日に100個ほどあり、割と良い単価収入が得られるそうです。タクシー会社としては、すべてきちんと運べれば売上げがプラスになるような見込みがあるということで、そうした取り組みを組み合わせていくことでドライバーの売上げも上げられると考えられます。そこで、こういった取り組みをメニュー化して利用者に提示しつつ、金額は大きくな

くとも定期的に売上げが上げられることをタクシー会社にも伝えているところだと言います。

7 利用者の負担を軽減する小さなビジネス

　ここまで紹介したように、井田いきいきタクシーではTAKUZOによる定額制のサービスでタクシー会社の収入を確保する取り組みを続けています（図4）。しかし、高齢者の中には月々の収入が基礎年金だけという人も少なくなく、そもそも定額料金を支払うのが厳しいという方も数多くいるそうです。そこで、そういった方々に対して、定額タクシーで「小さなビジネス」に参画してもらうことによりタクシーの利用料に相当する月5000円程度のお金を稼げるビジネスをつくり、セットにして取り組んでいるそうです。

　大田市では、公共交通サービスの運行に合わせてそうした取り組みを2019年から実施してきたと言います。その結果、石見銀山にある群言堂というお店の古布でクッションカバー（1万3000円）をつくって販売する高齢者も現れています。給料袋をもらったことのなかった農家の高齢者たちの中には、初めて給料を手にした際には仏壇に飾って喜んだ人もいたそうです。

　ほかにも、焼き肉のたれやゆず味噌をつくってもらい、道の駅で販売する計画も進行中とのことです（2021年時点）。こうした取り組みを通じて、

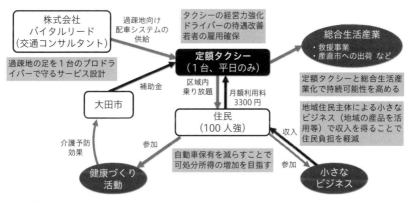

図4 「井田いきいきタクシー」の仕組み（出典：インタビュー結果をもとに筆者作成）

高齢者のみなさんからも積極的に取り組む姿勢が見えてきました。なかには、近くの道の駅と自ら交渉して、自分たちでつくった商品を置いてもらったりしている方もいるそうです。

　そして、その売上げを公共交通の運行補助に充てることも許されているそうです。利用者の平均世代は 80 代で、売上げを得ている世代は 70 代だそうですが、現在働いている 70 代も将来的に公共交通にお世話になることが見込まれるためです。実際、井田地区では、自分たちで取得した農業系の補助金をタクシーの運行補助に自主的に提供している状況も見られます。

8　通院・買い物以外での利用も

　こうした昨今の時勢に乗り、出雲市でもタクシー会社が配車アプリを導入したと言います。しかし、その利用者は県外からのビジネス客か観光客が基本であり、常連の高齢者たちは変わらず電話での予約だそうです。とはいえ、都道府県をまたぐ移動が自粛されていた状況下では、当然ながらアプリがあってもタクシーは開店休業状態でした。その点からも、やはり地域に合ったサービスを導入することが大事なのだと言います。

　TAKUZO を活用したサービスでも、電話予約をメインにしています。ちなみに、2019 年から運行を続けている井田地区では、2022 年 2 月時点で会員のスマートフォン所有率はいまだに 0％とのことです。大田市内で見ると、会員登録者は高齢者人口の 10％弱（2021 年時点）にとどまっていますが、トライアンドエラーを繰り返しながらも地域に合った交通サービスを継続して提供することで、新しいものが受け入れられにくい田舎であっても少しずつ利用者は増えているそうです。

　サービス自体の評価は高いとのことですが、それよりも高齢者の外出回数が増えていることが嬉しいと森山社長は笑います。1 人 1 カ月に平均 4.2 回利用しているというデータからは、単純計算で週に 1 日外出しているという生活像が見えてきます。その内容を見てみると、温泉がある地域に 5 人ほどのグループで一緒に行ったりしている状況も見えてくるそうです。そこには、買い物や通院などの必要不可欠な移動だけでなく、娯楽のために利用

してくれるようになった現状も垣間見えます。高齢者の行動変容には時間がかかるものです。しかし、短期的な実験で終わらせず、地域と一緒に腰を据えて取り組んでいくことが、サービスを地域に根づかせる上で欠かせない重要なことの1つだと、森山社長は自身の信念を語ってくれました。

事例3	**十勝バス** 地方都市の活性化に率先して取り組む

1 公共交通とともに衰退する地方

東京・大阪・名古屋を中心とする三大都市圏以外のいわゆる「地方」では、車社会化とともに、高齢化、核家族化も進んでいます。高齢者の中には自分の運転を不安に思い、車を運転しなくなる人も増えています。これはすなわち、高齢者の外出機会が減りつつあるということです。自分で車を運転することばかりに頼っていると、いずれは病院やスーパーに行くことさえ難しくなる時代が、すぐそこにまで来ています。

今後、車を手放さなければならなくなる際には、公共交通がなければ日常的な買い物もままならない状況が訪れると思われます。しかし、車社会が進展した「地方」では、鉄道や路線バスなどの公共交通の利用者は年々減少し、それに応じて公共交通のサービスも低下している現状があります。さらに、新型コロナウイルス感染症の流行に伴う移動の減少が追い打ちをかけています。そのため、「日本の交通事業者の1/3は生き残れないのではないかというほど苦しい」と十勝バス株式会社の野村文吾社長は言います。

車が利用できなくなり、さらにそれ以外の移動手段の乏しい地域では、経済活動が成立しなくなってしまうかもしれません。公共交通がない、もしくは衰退している状況は、そのまま地域の衰退につながるとも考えられるのです。強い危機感を持たずにはいられません。

ここでは、そうした状況に打ち勝つために、利用者の目線を大事にしながら様々な取り組みを行っている十勝バスの活動を紹介します。

2　利用者目線でアナログなサービスを充実化

　昨今の IoT・ICT の進展に対して、高齢者の多い地方では、そもそも住民がスマートフォンを持っていないことも多いのが実情であり、デジタルに対応した取り組みを進めていくことは簡単ではありません。そのため、「まずはお客さま目線でアナログなサービスを実装していくことが重要」だと野村社長は言います。十勝バスでも、公共交通の衰退が進み、利用者が減少している状況下にありながら、需要が減少している理由を路線バス業界全体として把握できていないという致命的な問題がありました。

　そんななか、十勝バスがまず始めたのは、利用者のニーズを徹底調査することでした。その方法は実にアナログで、野村社長自身と社員がバスの路線沿いの住宅を戸別訪問し、住民から路線バスに対する不安や課題を直接聞き取るというものでした。そこで得られた声をもとに真のニーズを把握し、事業の改善を検討していくことにしたのです。

　その結果、利用者に 2 つの不安があることがわかりました。1 つ目はバスにしばらく乗っていないので乗ること自体に不安があること、2 つ目は自宅周辺を走行するバスでさえ行き先がわからないということでした。利用者のこうした不安を解消するために、十勝バスではバスの乗り方について積極的に説明することに取り組んだそうです。さらには、自宅前を運行するバスの行き先を明確に示す住民へのプレゼンも行いました。これらの取り組みを地道に繰り返した結果、利用者が増え始めたそうです。

　その後、バスの利用者が増えるとともに、次第に行き先についての問合せが増えてきました。そこで、エリアごとに目的地別の時刻表を作成することにしました（図 5）。この時刻表では、路線の沿線にどういった施設があるのか、施設とその最寄りのバス停がどこなのかが一目でわかるように整理されています。これもアナログな取り組みかもしれませんが、日常的に乗車する利用者の目線が意識された十勝バスらしい取り組みの 1 つと言えます。

　日常生活を支えるバスですが、観光する際の移動手段としても利用することができます。そこで、生活と観光分野のシナジーを期待して、双方の連携

図5　十勝バスが作成した目的地別時刻表の一例
（出典：十勝バス株式会社のホームページ）

を進めていきました。それまで両者を連携させる取り組みをまったく実施していなかった十勝バスでしたが、利用者を共に取り込んでいこうという目標を共有しながら、現在では20〜30のコンテンツが整えられているということです。

　さらに、デマンド型交通と宅配を掛け合わせたサービスも提供されています。こうした利用者に近いサービスを提供する際に大切にしていることは、「おもてなしの精神」でもって利用者と向き合うことだとのことです。

　こうして利用者目線でつくられたサービスの1つに、「日帰り路線バスパック」があります。往復のバス乗車券と観光地の入場券や割引クーポンがセットになったパックで、交通事業者と観光施設・商業施設が連携することで、観光客はもちろんのことビジネスでの出張者や地元の方々がバスを有効に活用しながら十勝の観光施設や商業施設をお得に利用できるサービスが構

築されています。

3　交通分野から関係人口増加に貢献する 「生活 MaaS」の取り組み

　利用促進の取り組みを行う際には、ターゲットのセグメントを細かく区切ってスタートすることが重要だと野村社長は指摘します。その上で、さらにターゲットのことをよく理解し、深堀りすることが利用者の増加につながるのだと言います。

　近年、ワーケーションなどの新しい働き方が広がりつつあるなかでは、移住しないまでも一定期間を過ごしてもらうことで関係人口を増加させる取り組みへの期待が高まっています。昨今の人口減少下においては、人口増加は容易には達成できません。そこで、居住者だけでなく、地域への来訪者を増やし、彼らにバスを利用してもらう取り組みも求められます。

　観光やワーケーションで地方を訪れる人々にとって、飲食や買い物のための移動手段が整備されていることは重要です。そこで十勝バスでは、「生活 MaaS」というキーワードを打ち出して、交通と他分野のサービスとを連携させることで生活全般を豊かにするサービスにも取り組み始めています。2022 年 5 月時点で、飲食、医療・ヘルスケア、温泉・サウナと連携した商品が販売されており、往復のバス運賃とコーヒーの割引サービスがセットになった商品や、バスと温泉・サウナを 2 週間自由に利用できるサブスクリプションサービスなどが提供されています。

　今後は、こうしたサービスを拡大しながら、生活サービスを集約する拠点を複数つくっていくことを構想しているそうです。そして、その取り組みが観光人口や関係人口の増加につながり、ゆくゆくは移住の促進にもつながるかもしれません。野村社長は、交通に関する取り組みを通して人口の維持や関係人口の増加に貢献することが「生活 MaaS」の真の目的と考えています。

4　アナログな取り組みの積み重ねが地域に有効

　以上のような十勝バスの取り組みは、北海道庁から MaaS の成功事例に

選定されるなど、多方面から注目を集めています。しかし、MaaSと言えば、とかくスマートフォンをはじめとしたITを活用したサービスと捉えられがちです。ですが、十勝バスの取り組みは、すべてアナログから出発している点に特徴があります。アナログな1つ1つの点と点を線にし、線から面につなげていくことが、地域のためにとても有効な手段なのです。

　これはメディア戦略でも同様です。最初は振り向いてくれる人は少ないかもしれません。しかし、継続的に訴えかけていくことで、徐々に支援の幅も広がっていくのです。

　十勝バスでは、そうした様々な取り組みを時間をかけてコツコツと積み上げてきました。野村社長自身も、「小さく始めて、その成果を広げていくことしか解決の糸口はないと思い、取り組んでいる」と語っています。2022年5月からはVia Mobility Japanと連携し、電話予約のみだった既存のオンデマンド型交通サービスにAIを組み込み、スマートフォンによる予約も可能なオンデマンド相乗りサービスが開始されています。

5　他社とタッグを組むための作法

　様々な取り組みを行ってきた十勝バスですが、すべてが順風満帆だったわけではありません。様々なしがらみの中で1つずつ模索してきた結果が今につながっています。

　地域には競合する他社の路線バスも運行しています。取り組みを進めるなかでは、事業の自由化の名のもとに民間のバス事業者間で競合をあおる声が上がったそうです。しかし、人口が減り、地域全体でバス利用者が減るなか、その少ない母数を取りあうことでそれぞれの事業者が共倒れする危機がありました。そういった競合に対して、野村社長は「バス会社同士の連携のためにはすべて譲歩する姿勢」を貫いています。それは相手がタクシー会社であっても同様だそうです。

　野村社長のそうした姿勢には、相手を優先させていくことが、地域で他社とタッグを組み、一緒に盛り上げていく上で非常に重要だという考えが現れています。十勝バスは民間の事業者であり、利益も出さなければなりません。

当然ながら、他社を優先させることには相応の痛みが伴います。しかし、十勝バスでは、トップがそうした姿勢を明確に示すことで、一企業として地域のために貢献していくことを明確にしています。

　地域公共交通の活性化のキーパーソンと呼ばれることも多い野村社長ですが、「一連の取り組みの真のキーパーソンは十勝バスの社員」だと言います。社長は姿勢は示せるが、実際に利用者に対応したり、他社と話を進めたりしていくのは社員だということです。社員に対しては、裏方として他の主体の取り組みを下支えする立場を徹底して意識させていると言いますが、これが他社とタッグを組む上で実は最も重要なことなのかもしれません。

　十勝バスが裏方に徹しようとしているのは、これまでの取り組みから得た経験があるからです。MaaSの取り組みでは、移動と移動の先にある活動がセットになることで新しい価値を生み出していくことが重要になりますが、とかく交通事業者が主体的に取り組むべきという誤解があると言います。そのため、MaaSの取り組みを進める際に交通事業者が表に出てくると我田引水に見える、つまり自社の利益のために取り組んでいるように見られてしまい、それが影響して協力を得にくくなることもあるそうです。また、民間企業が1社で取り組むのでなく、他の交通事業者と連携しているということが、行政への説明のしやすさにも影響していると言います。

　現在、十勝バスでは、バス事業者にとどまらず鉄道会社とも連携しています。当初は協議するきっかけをつくるのも難しかったと言います。そこで、初めから全体に携わってもらうのではなく、取り組みを細かく区切り、そのうちの一部に関わってもらうところからスタートさせ、徐々に関係を深めていったそうです。その結果、今では様々なことに一緒に取り組めるようになったとのことです。

6　社員の元気が地域を元気にする

　十勝バスが地域で取り組みを積極的に進めていくためには、社員が元気であることがまず何より重要だと野村社長は言います。かつて利用者が減り続けていた時期には、利用者の増減に最も敏感な運転士はやはり気持ちも落ち

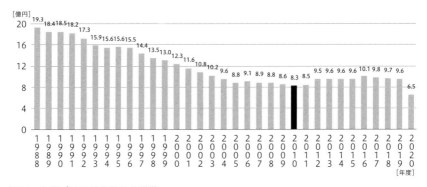

図6　十勝バスの乗合収入の推移 （出典：十勝バス株式会社提供資料をもとに筆者作成）

込んでいたそうです。それを表すように、2010年には乗合収入は8.3億円まで低下していました。しかし、2011年には40年ぶりに利用者が増加に転じるとともに、乗合収入については2011年から2016年まで6年連続の増収となりました（図6）。震災や新型コロナウイルス感染症の影響がなければ2017年以降も増収していたのではないかということです。

　さらに、運転士がこうした状況を実感したタイミングで、会社が活気づいてきたと言います。元気に、そして真摯に利用者に対応することで、それまで多かったクレームは感謝の言葉へと変化していったそうです。「日本を元気にするには地域から」と言いますが、その地域を元気にするためにはまずはそれを仕掛ける側が元気になる必要があるということです。そして、今後もその好循環をつなげていくことで、十勝バスは地域に貢献していくことでしょう。

事例4
前橋市
自動車依存から脱却し、中心市街地の活力を取り戻す

1　自動車依存による中心市街地の衰退

　人口約34万人の前橋市は、群馬県で2番目の人口規模を誇る都市です。

そして、車への依存が極めて強い都市でもあります。1人あたりの自動車保有台数は全国トップクラスの0.68台、また市内の移動のうちマイカーが占める割合は75％と、全国の地方都市圏の平均値58.8％を大きく上回っています。一方、公共交通の割合を見ると、鉄道が3％、バスが0.5％と非常に低い水準です。

　前橋市交通政策課の細谷精一課長は、こうした車依存が同市に様々な問題を引き起こしていると危機感を募らせています。例えば、中心市街地衰退の問題です。前橋市の中心市街地における歩行者通行量は約20年間で8割減少しており、同地域内の店舗数や販売額はそれぞれ6割、7割減少しています。中心部の商店街は半ばシャッター街になっているのが現状だと言います。

　細谷課長は他にも課題を挙げています。車中心の交通体系が、自動車を運転できない高齢者のモビリティを制約しているのです。前橋市では、免許証を保有していない高齢者の外出率が、免許証も車も保有し自由に車を利用できる高齢者に比べ31ポイントも低いことがわかっています。また、免許証を保有していない高齢者が外出する場合にも、車での送迎に頼っている割合が4割にのぼります。

　このように自動車での生活が基本となっている現状から、免許証返納後の生活に不安を抱えているという声が上がっていると言います。近年では、2018年2月に前橋市内で高齢ドライバーが運転を誤り高校生2名が死傷した事故が発生しており、高齢者の自動車運転に伴う交通事故の問題を改めて浮き彫りにしました。

　こうした状況の中、前橋市は不採算なバスを維持するために、不採算路線への補助や廃止路線での代替バスの運行といった取り組みを進めてきました。しかし、車中心の生活を大きく転換させることは難しく、利用率にはそれほど改善が見られません。細谷課長は、利用率が高まらない路線バスの維持確保に要する経費が少しずつ増加しており、年間3億円を超えていることが目下の重大な問題だと話します。ほかにも、免許非保有者等、移動困難者への対策としてタクシー利用に補助を行う制度がありますが、この費用も年間2億円にのぼっています。

細谷課長は、前橋市に特有の問題としてもう1つ挙げています。市内を運行するバス事業者が6社おり、自治体単位としては比較的多い事業者数だという問題です。ここには、かつて路線バス事業が民間主体で行われていた時期に、前橋市が各社の営業エリアがせめぎあう箇所であったこと、大手バス会社が撤退する際に市がいくつかの小規模事業者に代替運行を別々に委託していたことが背景にあるのだそうです。その結果、6事業者それぞれで路線や時刻の設定を行い、案内もバラバラに行われることとなったため、市内の交通ネットワークが一元的に機能していない状況が長く続きました。

2　バス事業者6社の共同でダイヤの統一化を実現

　前橋市では、車依存の弊害やバスの維持費用の負担増などの深刻な交通課題に対して、2018年に「前橋市地域公共交通網形成計画」を策定し、その対応策をとりまとめました。そこでは、郊外部はデマンド型交通を、中心部はバス路線・地方鉄道（上毛電鉄、JR両毛線）を充実させた上で、それらをネットワーク化させるという公共交通像が示されました。具体的には、広域幹線軸を強化すること、郊外部ではデマンド型交通である地域内交通を導入してまちなかへのバス路線を結節させること、そして都心幹線としてまちなかを回遊しやすいバスを再設定することなどに取り組むこととしています。

　早速取り組んでいるのは、中心部のダイヤ改善です。バス事業者は前述のように6社おり、事業者ごとにダイヤが設定されていました。そのため、それらを利用者目線から考え直す取り組みが進められました。ダイヤの統一化を実現するため、市が作業部会を主宰し、会議を幾度も重ねてダイヤ案を検討したのです。その結果、まちなかのバス路線をパターンダイヤ化することができました。

　これらの取り組みで追い風となったのが、2020年に制定された乗合バス事業に関する独占禁止法の適用除外特例法による共同経営計画の枠組みです。利便性が向上する場合に事業者間のサービス調整が可能とされる仕組みですが、前橋市では早速本制度の活用を決め、6事業者が2021年に共同経営計画を策定、2022年4月にはそれに基づいて都心幹線の等間隔運行を開始しました。

3　MaaS・自動運転技術による交通再編に向けた取り組み

　細谷課長率いる前橋市交通政策課は、地域公共交通網形成計画の策定だけで歩みを止めることなく、計画策定と同時期に国が推進し始めた MaaS や、自動運転技術の実用化にもいち早く注目し、取り組みを始めました。特に、鉄道・バスがいくつもの事業者に分かれている前橋市にとって、IT を用いてサービスを統合するという MaaS のコンセプトはとても適していると言えます。そこで、前橋市は「交通再編」と「MaaS による統合」の両輪で取り組みを進めています。

　MaaS 関連のプロジェクトとしては、経済産業省と国土交通省による実証事業指定のもと、2020 年度以降、前橋版 MaaS である「MaeMaaS」を実施しています（図 7）。JR 東日本の観光型 MaaS の基盤を拡張する形で実装されており、数少ない観光型 MaaS と生活型 MaaS の連携事例の 1 つで

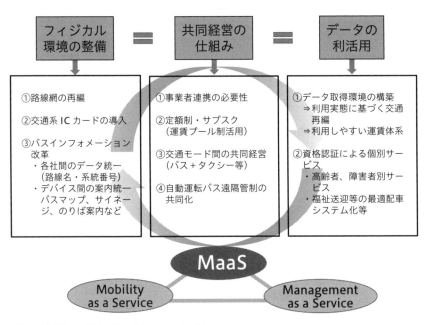

図 7　前橋市の「MaeMaaS」のコンセプト（出典：前橋市提供資料）

もあります。

　具体的には、まず市の中心部ではデジタルフリーパスを販売しています。中心部を運行する都心幹線バスとコミュニティバスが乗り放題になるチケットで、中心市街地の商業店舗の特典をつけることで中心市街地活性化を狙ったサービスとなっています。対して、郊外部では、マイナンバーカードとSuica の連携により、前橋市民であることを Suica で判定し、市民向けに運賃を割引するサービスを導入しています。これらはいずれも、JR 東日本がプラットフォームを提供し、前橋市が乗車プランやバス・デマンド型交通の情報を提供することで実現しています。こうした連携の仕組みにより効率的に取り組みが行われていることが特徴だと言えます。

　また、前橋市では、都心部のバス路線を充実化させるために自動運転バスの導入に向けた研究にも取り組んでおり、2018 年から群馬大学の技術支援を受けながら市内中心部で自動運転バスの走行実験を積み重ねています。その成果はすでに様々な新技術の実証へと発展しており、現在では 5G 通信を活用した遠隔管制センターとの遅延のないデータのやりとりや顔認証による無人バスの導入に向けた取り組みが進められています。

　一方、郊外部のデマンド型交通については、NTT ドコモの協力のもと、AI 配車システムと地図アプリ予約システムを構築しています。

4　マイナンバーカード活用・オープンデータ化の取り組み

　データを活用した課題解決に多面的に取り組んでいる点も前橋市の特徴です。

　前述のマイナンバーカードと Suica の連携による市民向けの割引サービスのほか、移動困難者がマイナンバーカードを相乗りタクシーの利用カードとして用いることで運賃の補助が受けられる「マイタク」といった取り組みも実施されており、それらはマイナンバーカードの交通分野における多面的活用の先端事例と言えます。細谷課長は、相乗りタクシーの利用カードを紙からマイナンバーカードに切り替えたことは、利用データのデジタル化を実現することにつながり、そのデータを活用することで郊外部での効率的な移

図8 「マイタク」におけるマイナンバーカード導入のメリット（出典：前橋市提供資料）

動サービスの検討に役立てられるメリットもあると話します（図8）。

　加えて、マイナンバーカード保持者向けの運賃割引サービスは、マイナンバーカードの取得促進策にもなっており、市の他の行政領域の市民サービスの向上や業務の効率化にもつながる施策となっています。

　また、市内路線バスについては、GTFS[*1]–JP によるオープンデータ化が完了しており、それを用いた MaaS システムへの情報提供やデジタルサイネージの設置など、ワンソース・マルチユースが実現されています。

5　関係者の意識の共有化が総合的な取り組みを可能にする

　以上のように、前橋市は、公共交通のサービス設計の改善や新技術の活用において、1つの地域で複数の事例をカバーするほどに幅広い取り組みを進めてきました。その中には、「全国初」の取り組みがいくつもあり、具体的には①6社が連携する規模としては全国初のバスの共同経営、②全国初の自動運転バスの営業運転、③全国初の広域 MaaS の運用などが挙げられます。前橋市では、なぜこのような先進的な取り組みが実現できているのでしょうか。

細谷課長は、取り組みを進める上で関係者の意識の共有化を重視してきたことが重要なカギだと話します。これまでは、前橋市も他の自治体と同じく、公共交通について行政と交通事業者、市民の三者がそれぞれ別々に議論してきたところがありました。しかし、MaaS の取り組みを契機に、行政も交通事業者も市民も意識を共有した上で取り組みを進めていく機運が生まれていると言います。

　例えば 6 社からなるバス事業については、市が主宰して経営者に集まってもらい、独占禁止法の適用除外の動きを共有するとともに、場合によっては経営統合も視野に入れた議論を行う会合を重ねました。もちろん、路線やダイヤなどの商品設計は会社経営の根幹を担うものです。そのため、本来であれば行政からは提起しにくい話題でもあります。しかし、前橋市はまさにその部分についてお互いの信頼関係に基づいて本音で議論することを行ったのです。その取り組みの結果として経営者の意識の統一化が実現されたからこそ、市民目線のダイヤ編成にこぎつけることができたのだと考えられます。

　実際のダイヤ編成にあたっても、学識経験者も交えて先進事例の検討も含めた勉強会を開催した上で、各会社の担当者が膝を突き合わせてダイヤの調整案を話し合うワーキンググループを幾度も開催しました。

　また、新型コロナウイルス感染症の流行に伴う公共交通への緊急支援においても、単純な補填だけでなく、支援の条件にアフターコロナ・経営改善・MaaS 環境の取り組みなどへの前向きな姿勢を含むこととしました。こうした取り組みを通じて、事業者との意識の共有化をより強固なものとしています。

　このように前橋市が主導することで、地元のバス事業者にはサービスの統合化、JR 東日本には MaaS プラットフォームの提供、群馬大学・NEC には自動運転技術の提供、NTT ドコモ・未来シェア（AI によるリアルタイムな便乗配車計算を行うサービス「SAVS」を開発・提供）には AI オンデマンド交通配車システムを提供してもらうなど、社会に存在する様々なソリューションを統合することに成功しているのです。

2.2 「地域課題の解決」が取り組みの原動力

1 交通分野を切り口として課題を総合的に解決する視点を持つ

前節で紹介したモビリティサービスの先進的な取り組みの事例に共通しているのは、地域が抱える課題を的確に捉え、その解決手段の1つとしてモビリティサービスを活用している点にあります。そして、その地域課題は、交通分野での課題に限定されたものではなく、地域の活性化や持続可能性、高齢者の健康増進等、幅広い分野に及んでいることがわかります。1章で触れたように移動は人々が活動し生活するために必ず発生するものですから、地域課題の解決策を考える際の切り口の1つとして欠かせないものです。地域課題を解決するには、その課題に対して直接的にアプローチする方法に目がいきがちですが、移動の面から地域課題を解決するという視点を忘れないようにすることで、地域課題に対して総合的に対応することができ、大きな効果が得られるようになります。

2 地域課題とモビリティサービス導入の課題は 切り分けて考える

課題という言葉は非常に便利な言葉であると同時に幅広い意味を包含しているため、曖昧で誤解を生みやすい言葉でもあります。人口減少や高齢化などを背景として地域に生じている諸問題が地域課題であり、その解決策の1つにモビリティサービスがあります（図9）。そして、地域にモビリティサービスを導入し定着させていく上でも課題があります。例えば、利用者が少ない場合に利用促進を図ったり、ビジネスモデルを構築したり、といったことがモビリティサービス導入にあたっての課題に該当します。

ここで重要な点は、地域課題とモビリティサービス導入にあたっての課題を切り分けて捉えつつ、それぞれの解決策を考えることです。導入したいモビリティサービスがあり、それを定着させることばかりが目的化すると、ビジネスモデルの成立性ばかりがクローズアップされてしまい、地域課題との

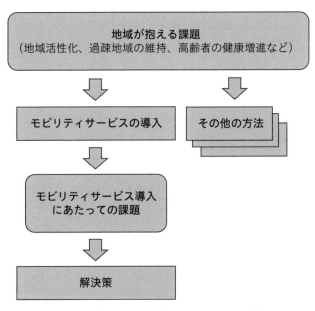

図9　地域課題とモビリティサービス導入の課題の関係性

対応関係がおろそかになってしまいます。最初は地域活性化を目的としていたにもかかわらず、サービスを維持することが目的化してしまうとそちらにばかり目がいくため、気がつくと地域活性化への貢献が小さなサービスとなっていた、ということにもなりかねません。先に紹介したいずれの事例においても、動機は地域課題の解決にあります。このことを常に意識することが重要です。

＊1　インターネット等での経路検索におけるバス情報の拡充のため、バス事業者と経路検索事業者との間でデータを受け渡しするための「標準的なバス情報フォーマット」のこと。

3章

知っておきたい
交通政策の基本的な考え方

　2章では、地域課題の解決に挑戦するモビリティサービスの取り組みを紹介しました。モビリティサービスが地域課題の解決に役立つ可能性を感じていただけたでしょうか。

　そうした取り組みに着手するにあたっては、交通政策の基本的な考え方を知っておく必要があります。そこで本章では、モビリティサービスの活用に取り組む前に知っておくべき交通政策の基礎について簡単に紹介します。

3.1 官民連携でサービスを持続可能にする

　人・産業・地域にはモビリティサービスが必須ですが、それが失われてしまうと幸せに暮らしていくことが困難になるかもしれません。そして現在、人のモビリティを取り巻く状況は急速に変化しています。

1　厳しい経営環境

　まず大きな変化として、経済の悪化とともに経営環境が厳しくなっている状況が挙げられます。特にその状況は、各地域において斑（まだら）に起こっています。加えて、昨今の新型コロナウイルス感染症の感染拡大による影響がそれをさらに加速させており、今まさに、非常に厳しい状況に直面しています。

　公共交通の利用が減り、路線の縮小や運行の低頻度化等のサービス低下が生じると、生活のために自動車に頼らざるをえなくなります。そして、高齢化の進展と相まって高齢ドライバーによる交通事故が増加しており、道路は危険な状況にあります。高齢者による事故が発生するたびに、高齢者は免許証を返納すべきといった声が聞こえてきますが、その一方で移動手段を持たない高齢者がモビリティを剥奪されてしまい、生活するための場にアクセスすることができなくなる状況も危惧されます。

　加えて、モビリティ産業も危機に直面しています。エッセンシャルサービスであるバス・タクシー・トラック等の運転手の有効求人倍率は、全職業平均の約2倍と高くなっています。人手が不足している現状には、夢がない産業と捉えられている状況が垣間見えます。

2　インフラにおける課題

　モビリティを支えるインフラにも課題があります。その1つが道路です。これまでは増加する自動車需要に合わせて道路の量的な整備が優先的に進められてきましたが、今後は道路のネットワーク化、環状道路の形成によるまちなかの移動空間の確保、歩行者・自転車・バス等のための質の高い空間

の形成が大きな課題です。また、カーシェアリングやシェアサイクル、電動キックボード、デマンド型交通等の新型の輸送サービスを普及させるためには、これらの輸送サービスが利用しやすくなるように道路空間を改変していく必要があります。さらに、輸送サービスが多様化すれば、異なる輸送サービス間の乗り継ぎの重要性が一層高まります。そのため、交通結節点やモビリティハブといった拠点の整備が求められることになります。

　道路以外では、通信環境も重要です。デマンド型交通の普及のためには情報をやりとりする通信環境が不可欠ですが、場所によっては通信環境が脆弱な地域もあります。円滑な情報のやりとりを可能にする通信インフラを確保することが課題です。

3　事業として継続できるモビリティサービスを

　地域課題を解決する手段として新たに導入するモビリティサービスは、事業として継続できるものでなければ有効な手段とは言えません。したがって、地域課題の解決に取り組む際には、モビリティサービスの持続可能性についても併せて検討する必要があります。

4　民間企業の挑戦を支えることが自治体の役割

　新しいモビリティサービスにはデジタル技術と密接に関わるものが多いため、民間企業の創意工夫をうまく取り込むことが重要になります。一般論として、民間企業は、利益を上げることができなければ撤退することもあります。撤退すれば、持続可能な形でモビリティサービスを地域に定着させることができなくなってしまいます。自治体にとっては既存のサービスより効率的だったとしても、民間企業としてはビジネスとして成立しなければ継続は困難であり、結果として目指すべき未来の実現は遠のくことになります。

　民間企業による創意工夫の末に生み出された新しいモビリティサービスを地域に定着させていくためには、運賃収入だけでなく目的地での活動等までを含めた収益確保の取り組みができるようにするなど、自治体側が環境を整備していく必要があります。自治体は地域の豊かな未来を実現するという観

点から新しいモビリティサービスの導入に関わることが重要であり、新しいモビリティサービスに取り組む民間企業が挑戦し続けられるための支援や環境を整えていくことが役割として求められているのです。

3.2　複数のサービスを組み合わせて活用する

　地域課題を解決する手段として新しいモビリティサービスを導入する際には、そのサービスの活用のみに着目してしまいがちですが、単体の輸送サービスだけでできることは限られる場合があります。したがって、複数のモビリティサービスを組み合わせて活用する視点が重要になります。

1　パーソナルなモビリティとマストランジットの適切な役割分担

　人の行動範囲と輸送サービスの提供範囲が一致しない場合には、単体の輸送サービスだけではモビリティを高めることができません。また、パーソナルなモビリティが増えると、混雑が発生する恐れがあるとともに、エネルギー効率にも問題が生じます。加えて、競合する交通手段の間で需要を奪いあうことになり、存続できなくなる交通手段が現れるなど、結果として市民のモビリティが低下する恐れもあります。そのため、パーソナルなモビリティと大量輸送が可能なマストランジット（大量輸送機関）が適切に役割を分担して機能することが重要です。

2　多様なサービスの特徴を踏まえて組み合わせる

　新しいモビリティサービスが登場する以前は、需要が少ない地域であっても鉄道や路線バスなどの従来の輸送サービスに依存する状況が続きました。しかし、こうした状況は、新しいモビリティサービスを活用することで解決できる可能性が格段に高まりました。

　それゆえ新しいモビリティサービスへの期待はますます高まりを見せていますが、ただ導入すればよいというわけでは決してありません。導入の際には、鉄道や路線バスなどの従来からある輸送サービスの強みを活かしつつ、

その弱点を新しいモビリティサービスで補完することが重要です。それぞれの輸送サービスの特徴を踏まえた上で多様なモビリティサービスを組み合わせて活用することで、人々のモビリティを効果的に高めることができ、それが地域課題の解決、ひいては人々の幸せな暮らしを支えることにつながります。

3 公共交通に対する補助制度の見直しの必要性

地域にモビリティサービスを根づかせるには、既存の公共交通との組み合わせを考えることも重要です。その際、これまで人々のモビリティを支えてきた公共交通とはどういうものなのかを再確認しておく必要があります。

日本では、公共交通と言えば「誰でも使える（Open to Public）」という意味の公共交通（Public Transport）を指しています。その多くは民間企業が運行を担い、行政が補助金を出していますが、行政は「公共の義務（Public Obligation）」として公共交通サービスを提供しているわけではありません。日本の交通事業者は、国に申請し、許可されて初めてサービスを提供することができる仕組みになっています。一方、欧米では、Public は政府のことを指しており、「公共サービス義務（Public Service Obligation）」という考え方に基づいて、最低限の公共サービスとして政府が公共交通サービスを提供しています（財源はガソリン税や事業所税、消費税のほか、道路料金、駐車料金等、国や地域によって様々）。そもそもの考え方が日本と異なっているのです。

日本の公共交通は、現状の形のままでは行政が補助金を出し続けても状況は改善しないと考えられます。なぜなら、公共交通に対する現在の補助の出し方が赤字になれば行政が補填をするという形になっているため、民間の交通事業者に赤字を削減しようという意識がなかなか生まれないからです。また、地方のバス会社には、自治体から委託を受けてコミュニティバスを運行したり、スクールバスや通院用のバスを運行したりすることで、様々な公的資金が投入されています。新しいモビリティサービスでは多様な移動手段を束ねることで効率化を図ることができると考えられますが、それ以前に公的

資金が投入されている全貌を十分に捉えられていない現状があります。

　では、日本の現在の方式が好ましくないのかと聞かれると、必ずしもそうとは言えません。民間の交通事業者が、経営が苦しい状況下にあってもサービスを提供し続けるために新しいビジネスモデルを開拓していることは、世界に誇るべきことです。経営が厳しいからこそ工夫するという民間の交通事業者の姿勢は、今後の取り組みにとっても非常に重要です。ここで我々が目指すべきは、そうした民間の交通事業者の力を活かしていくことだと言えます。そのためには、単に赤字を補填するために税金を投入し続ける形ではない、より良い支援の形を模索していくことが必要です。モビリティサービスと既存の公共交通とを組み合わせていくことは、こうした考えの延長線上に位置するものでもあります。

3.3　利用者に行動変容を働きかける

　新しいモビリティサービスが導入されても、すぐに利用が進むことはほとんどありません。そのため、人がそのサービスを利用するように行動を変えていく取り組みが必要になります。その取り組みでは、サービス提供とセットで、想定される利用者へ働きかけていくことが重要となります。

　自動車による移動や鉄道・路線バスなどの従来型の輸送サービスを利用してきた人々は、新しいモビリティサービスが何なのかがわからず馴染みもないことから、導入後すぐに利用することは稀です。想定する利用者にサービスを使ってもらえるようにするためには、サービスに対する理解を促進することで安心感を醸成していくことが重要です。

　個人の交通に関わる行動変容を促す手法は、「モビリティ・マネジメント」*1と呼ばれています。新しいモビリティサービスの導入を検討する際には、モビリティ・マネジメントの手法を体系化した論考や全国各地で展開されている取り組みを参考にしながら、想定される利用者に対してきめ細かな情報提供や動機づけを行うことが重要です。

コラム 人々の行動変容を促すモビリティ・マネジメント（小山市の取り組み）

　モビリティ・マネジメントは、地域のモビリティや、地域そのものをよくするための取り組みと言えます。各地域の交通を取り巻く諸問題を解決していくために、インフラ整備や経済的手法だけでなく、交通の主体である地域の人々にコミュニケーション等で働きかけを行い行動変容を促す交通施策のことです。

　栃木県小山市では、市民の移動の足を確保するため、コミュニティバス「おーバス」を運営しています。最盛期の1970年には年間1333万人の利用者がいましたが、クルマの普及とともに急速に減少し、2007年には15万人にまで落ち込みました。この状況に対して、市は路線の改良、増便等で地道に利用者を増やしてきました。そして、さらなる利用者増加を目指して、2018年に「小山市コミュニティバス『おーバス』利用促進プロジェクト」を発足させました。

　利用促進プロジェクトでは、モビリティ・マネジメントを核として、人々の行動を規定する環境的な要因を変えることで行動変容を促す「構造的方策」と、種々の心理的な要因に働きかけることで自発的な行動変容を期待する「心理的方策」の両面から利用を促す取り組みが行われています。

　様々な取り組みを経て、利用者は2021年に84万人にまで回復しました。そして、一連の取り組みとその成果は、公益財団法人日本デザイン振興会が主催する「2020年度グッドデザイン賞」や、一般社団法人日本モビリティ・マネジメント会議（JCOMM）が主催する「JCOMMプロジェクト賞」を受賞するなど、高い評価を受けています。

　〇全線共通定期券「noroca（ノロカ）」の発売

　・路線別だった定期券を統合し、従来の定期券に対して最大7割引きとなる全線共通定期券「noroca」を発売

　・スマートフォンで利用できる「スマホ de noroca」も導入し、キャッシュレス・ペーパレス化を実現（図1）

○生活情報タブロイド紙「Bloom!」の発行（図2）

・読者との双方向コミュニケーションを意識した小山市の暮らしに関する情報誌を発行

・バスを使ったライフスタイルの提案を念頭に3号作成し、市内全戸等に配布

○ SNS、地元ラジオ、各種イベント等による情報発信

・Facebook、Twitter、Instagram での情報提供

・小山市のコミュニティ FM 局「おーラジ」への出演

図1　全線定期券「スマホ de noroca」
（出典：小山市のホームページ）

図2　バスを使った生活情報誌「Bloom! vol.3」（出典：小山市のホームページ）

＊1　1人1人のモビリティ（移動）が、社会的にも個人的にも望ましい方向（過度な自動車利用から公共交通等を適切に利用する等）に変化することを促す、コミュニケーションを中心とした交通政策のこと。例えば、公共交通が比較的充実しているが自動車に過度に依存している地域の住民を対象に、公共交通利用の環境や健康への影響などを掲載した資料や、具体的な行動プランを示すことで、行動の変容を動機づける取り組みがある。

4章

事例で読みとく
モビリティサービス活用の8つのポイント

　全国各地で進められているモビリティサービスを活用した地域課題解決の取り組みは、順調な道のりで進められているものばかりではありません。時に大きな課題に直面しながらも、試行錯誤し、様々な主体が協力しながら、1つ1つ課題を乗り越えてきたことで、実証実験の実施やサービスの社会実装に至っています。

　本章では、これからモビリティサービスを活用して地域課題の解決を目指そうとしている方々のために、円滑に検討を進めていくためのポイントを紹介します。活用に向けた検討に着手しようとしている方々にとって有益な情報となるように、目指すべき姿、その姿の実現にあたって直面する可能性がある課題、課題を乗り越えるための方策を、各地の先進的な取り組みの事例等とともに紹介していきます。

4.1 誰もが取り組みの主体になれる

　地域課題の解決手段としてモビリティサービスを活用しようとしている全国の取り組みを見ると、実に多様な主体が関わりながら進められていることがわかります。地方自治体や交通事業者による取り組みはもちろんのこと、大手 IT 企業、自動車会社、ベンチャー企業、観光事業者などが主導する取り組みもあります。さらには、医療・福祉・商業などの地域の課題と関わりが深い組織が主導して行われている取り組みもあります。このように、地域の課題を解決しようと考える誰もが主体となることができます。

4.2 サービス活用に向けた 3 つのステップと 8 つのポイント

　では、モビリティサービスを活用して地域の課題を解決しようと考えた場合には、何から取り組めばよいのでしょうか。様々な事例に対するヒアリングを行った結果、大きく 3 つのステップに分けて考えることができました。
　最初に必要なことは、取り組みを進めるための土台づくりです。取り組みは誰でも主導できますが、単独の組織のみでは成立しません。様々な主体による連携が必要です。取り組みを始める際には、多様な主体が連携する体制づくりや組織づくり、みんなで目指すビジョンづくりが重要となります。
　組織やビジョンができたら、次は、地域課題を解決するためのサービス設計のステップに移ります。この段階では、サービスを通じて利用者に変えてもらいたい行動を考えたり、既存の公共交通との連携を考えたりすることになります。また、時刻表などのデータを活用する場合にはデータの取得・管理・運用等のデータエコシステム*1 の検討が必要となります。これらを考慮しつつ実証実験等を実施しながら、利用者に利用され、行動変容を実現でき、地域課題の解決につなげていけるサービスを構築していきます。
　実証実験等を通じて地域課題の解決に結びつくサービスが見いだせたら、

ステップ1 土台づくり	ポイント1	ブームで終わらせない組織・人材づくり
	ポイント2	実現するビジョンの共有
ステップ2 サービス設計	ポイント3	地域公共交通をリデザインする
	ポイント4	データエコシステムをつくる
	ポイント5	利用者の行動変容を仕掛ける
ステップ3 持続性の向上	ポイント6	データを地域全体の交通サービスに活用する
	ポイント7	活動・移動ニーズを掘り起こす
	ポイント8	自律的・継続的な事業実現を支援する

図1　モビリティサービス活用に向けた3つのステップと8つのポイント

　3つめのステップとして、このサービスを持続的に提供できるようにする方法を考えることになります。サービスの利用実績データを活用したサービス内容や地域の改善、コトづくりや地域づくりとの連携による収益源等の多様化、さらには自治体としての支援の形についても考えていく必要があります。
　このようにサービスの導入に向けた3つのステップそれぞれのタイミングで重要なことを8つのポイントとして整理しています（図1）。

ポイント1　ブームで終わらせない組織・人材づくり

1　目指すべき姿

　全国各地で取り組まれている実証実験の多くは、地域の自治体・交通事業者と特定の技術を保有する民間企業とが連携する形で行われています。検証目的が明確にされている実験を実施する段階であればよいのですが、実験を継続するための予算がなくなったり、キーパーソンの人事異動等が起きたりすると、実験および組織が続かなくなるという問題があります。
　地域の課題を解決するためにモビリティサービスを活用する上では、課題

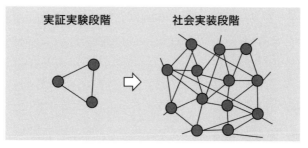

図2　実証実験段階と社会実装段階における組織の形のイメージ

解決に向けた取り組みを継続していくことが重要になります。地域に適さないサービスであれば、他のサービスに変更し、課題解決の歩みを止めないようにしなければいけません。このように考えると、特定の主体とだけ連携するのではなく、多様な主体を受け入れられるような組織を構築していく必要があります。多様な主体が活き活きと自律的に活動し、それが全体として機能する、いわゆる「自律分散・協調型の組織」が目指すべき組織の形の1つであると考えられます（図2）。

2　課題

　持続可能な組織・人材づくりを実現するためには、以下の課題に取り組む必要があります。

a）オープンな組織づくり

　多様な主体が自律分散し、かつ、協調して取り組めるようにするためには、様々な主体の協力が前提となります。各主体が協力しやすい、風通しのよい組織づくりが重要です。

b）多様な主体への参画の動機づけ

　地域づくりに民間企業の創意工夫を活かしていくためにも、多様な民間企業の参画を促進することが重要です。したがって、様々な主体に対して参画への動機づけを行うことが求められます。

c）自治体内部の体制づくり

　地域の課題は多様であることから、交通関連部署だけで対応できるものは

少なく、むしろ様々な分野と連携して取り組むことが必要となります。例えば、福祉輸送や通学輸送であれば、まちづくりや交通サービスに関わっている多様な部局との連携が求められます。また、目的地の施設との連携も重要な取り組みで、観光・健康・医療・商業などと連携したサービスを導入する場合にも、関連部局との調整・連携が必要になります。

d) 人材づくり

取り組みが一個人の強いリーダーシップで進められてきた場合、人事異動等が生じると、それまでに獲得した知識・ノウハウ等がスムーズに引き継がれず、取り組みがうまく継続しないことがあります。モビリティサービスに関する取り組みでは、交通政策・まちづくり・デジタル分野に精通する人材がカギとなります。また、モビリティサービスは多様な主体が利用するものであることから、様々な人々の視点を採り入れながら、加えてジェンダーバランスにも考慮しつつ、取り組むことが重要です。

3　課題を乗り越えるために
(1) 自治体が橋渡し役となり、多様な主体を巻き込みながら組織づくりを進めよう

自治体は、地元地域に精通しているとともに、日頃から地域の交通事業者や大学の有識者等との接点を数多く有することから、多様な主体間のコミュニケーションの橋渡し役となることが期待されます。

モビリティサービスを活用して地域課題の解決に取り組むための組織の形は多様です。自治体が主導してMaaS協議会等とともに組織を設立する場合もあれば、民間企業が集まって自治体の協力を得ながらコンソーシアムを立ち上げる場合も考えられます。いずれの場合も、利害が異なる様々な主体が関わることになるため、コミュニケーションが円滑になるように組織の形やルールなどを構築していくプロセスに自治体が積極的に関与することが重要です。特定の民間企業が組織づくりを主導する場合には、その企業だけの利益が優先とならないよう公平性や透明性を担保するために、自治体と相談しながら進めることが有効です。

事例 1-1	計画策定をきっかけに 自治体主導で関係者間の意識の共有を図る	前橋市

　群馬県前橋市にはバス事業者が6社、タクシー事業者が10社あり、同じ路線でも会社ごとに所要時間や停留所が違うなど、サービスに課題がありました。また、行政からの赤字補填が年々増大しており、議会や行政、利用者から心配の声が上がっていました。こうした背景から、2018年の地域公共交通網形成計画の策定をきっかけに、市が主導して関係者とのコミュニケーションを重ねてきました。これにより、問題認識の共有化が図られるとともに、取り組みに対する足並みが揃えられ、2021年にはバス事業者6社による共同経営が実現するまでになりました（図3、2章1節参照）。

（2）多様な主体が参加しやすい環境をつくり、参画への動機づけをしよう

　モビリティサービスを活用した課題解決に取り組むためには、運送を担う交通事業者、モビリティサービスを提供する民間企業、地元の関連組織などの参画が不可欠です。各主体の参画をうまく動機づけしていくには、以下のような考え方が重要になります。

a）交通事業者

　駅やバス停までのアクセスの利便性が低いことが原因で鉄道やバス等の大量輸送機関が利用されていない場合があります。また、人口規模が少ない地域において人々の移動の足を確保するために路線バスを維持していくにも、運転手不足の問題もあり困難さが一層増しています。こうした問題は、既存

図3　前橋市内における等間隔運行の実施に関する協定締結式（2021年9月）(出典：前橋市のホームページ)

の公共交通をベースに多様なモビリティサービスが協調的に連携することで、解決できる可能性が高まります。こうしたメリットを踏まえ、交通事業者自らが主体的な立場でモビリティサービスの導入に前向きに取り組むことが期待されます。

　一方、自治体においては、既存の公共交通に対する補助金等の削減を図る観点から、交通事業者に対する様々な公的支援を実施する際にモビリティサービスの導入に対する交通事業者の取り組み姿勢を確認するなど、必要なコミュニケーションを重ねながら協力関係を構築していくことが考えられます。

事例 1-2	コロナ支援の条件として MaaS 等への取り組みを促進	前橋市

　群馬県前橋市は、新型コロナウイルス感染症の感染拡大に伴う外出自粛の影響で運賃収入が激減した交通事業者に対し、新しい生活様式に対応する公共交通の構築に向けた事業者支援を実施しました（図4）。支援金の交付にあたっては、経営改善計画の提出を条件とし、今後の方策や MaaS への取り組みなどを含めた計画書の提出を依頼しています。会社の考え方が市の方向性と合致しているかどうかを確認した上で支援を行うことで、交通事業者によるモビリティサービスへの取り組みを促進しています。

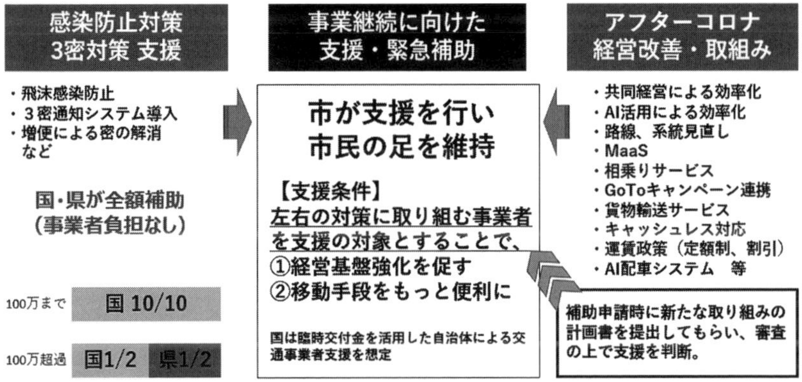

図4　前橋市の交通事業者に対するコロナ支援の枠組み（出典：前橋市提供資料）

b) モビリティサービスを提供する民間企業

　モビリティサービスを通じて地域課題の解決を実現するためには、技術やノウハウを保有する民間企業の協力が不可欠です。ただし、営利組織である民間企業は、ビジネスとして成立しなければ事業から撤退する可能性がある点を認識しておく必要があります。意欲ある企業が公平に活躍しやすいオープンな組織をつくり参入障壁を減らすことが、参入の動機づけにつながります。IT 企業の参加はもちろん、自動車会社や自動車販売ディーラーなど、これまで公共交通と縁が薄かった企業の参加も視野に入ることが大切です。

事例 1-3	どの企業も技術会員として参入できる コンソーシアム	静岡市

　静岡県静岡市の MaaS コンソーシアム「しずおか MaaS」のメンバーは、幹事・オブザーバーと技術会員で構成されています（図 5）。具体的には、移動に関わりのある地元の主要な団体が幹事を務め、静岡市をフィール

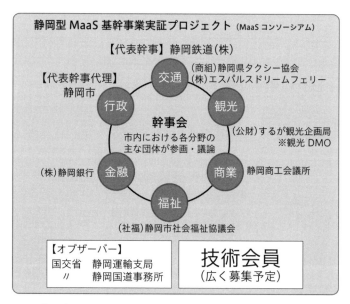

図 5　「しずおか MaaS」のメンバー構成（出典：しずおか MaaS 事務局提供資料）

ドに自社技術を活用したビジネス展開を行いたいと考える企業を技術会員として受け入れる形となっています。これにより、参入意欲のある民間企業によるビジネス展開を支援しつつ、民間が保有する技術やノウハウをフル活用し、都市が抱える課題の解決に挑戦する場が形づくられています。

c) 地元の関連組織

　モビリティサービスを活用して地域課題の解決を目指すにあたっては、地域課題に精通する組織の関わりも重要です。経済団体、商工団体、福祉団体、観光団体、地方銀行など、地域の課題に精通し、地域に根ざした活動を展開している主要な組織等と連携していけるように、これら組織の参画を促しましょう。その方法としては、各組織の活動に対して、モビリティサービスを導入することで改善される課題を示しながら、取り組みに関与する意欲を高めることが考えられます。

事例 1-4	商工会議所を中心に形成された MaaS の推進体制	庄原市

　広島県庄原市では、庄原商工会議所に設置された「人口問題をとことん考える民間会議」が発端となり、MaaS の推進体制が形成されています（図6）。そのメンバーは、交通事業者、自治体、観光地域づくり法人（DMO）に加え、新たな視点やアイデアの活性化につながるような庄原市以外の各種組織（広島県バス協会およびタクシー協会、世界経済フォーラム第四次産業革命日本センターなど）も参画しています。さらには、関係行政機関の協力を得ることで、官民間の情報交換体制や政策討議の場も設けられています。人口問題を起点として、多様な主体を取り込みながらアメーバのように拡大していくことで、新しいモビリティサービスの導入を検討する組織が形づくられた好例と言えるでしょう。

(3) 異分野連携をサポートできるように自治体の体制を整えよう

　モビリティサービスを活用して地域課題の解決を図るためには、自治体内

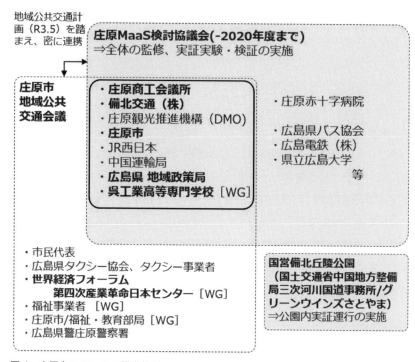

地域公共交通計画（R3.5）を踏まえ、密に連携

庄原MaaS検討協議会(-2020年度まで)
⇒全体の監修、実証実験・検証の実施

庄原市
地域公共
交通会議

- **庄原商工会議所**
- **備北交通（株）**
- 庄原観光推進機構（DMO）
- **庄原市**
- JR西日本
- 中国運輸局
- **広島県 地域政策局**
- **呉工業高等専門学校** ［WG］

- 庄原赤十字病院
- 広島県バス協会
- 広島電鉄（株）
- 県立広島大学
　　　　　　　等

- 市民代表
- 広島県タクシー協会、タクシー事業者
- **世界経済フォーラム**
　　　第四次産業革命日本センター ［WG］
- 福祉事業者 ［WG］
- 庄原市/福祉・教育部局 ［WG］
- 広島県警庄原警察署

国営備北丘陵公園
（国土交通省中国地方整備局三次河川国道事務所/グリーンウインズさとやま）
⇒公園内実証運行の実施

図6　庄原市の MaaS の推進体制（出典：神田佑亮教授（呉工業高等専門学校）提供資料）

の関係部局間の連携および一体的な対応が不可欠であり、自治体内で調整会議等の場を設けるなど、緊密かつスピーディに対応できる体制を整えておくことが求められます。特に、民間企業が企画するモビリティサービスは、輸送の提供にとどまらず、観光・医療・福祉・教育・商業などの分野と密接に関わることが多いことから、その取り組みを促進するためにも自治体内での部局間連携は極めて重要です。交通専門の部署がない場合には、交通の専門部署を立ち上げる、あるいは専属の担当者を配属するなどの対応が必要になります。また、部署間連携を促進するために、市長等のトップダウンによる行動も有効です。

事例 1-5	市長も参加する部局横断の勉強会	静岡市

　静岡県静岡市では、新しいモビリティサービスの取り組みに着手した2019 年に、外部から専門家を招いた勉強会を開催しました。勉強会には庁内の各部署の担当者に加え、市長も参加しています。市長自らが新しいモビリティサービスに取り組む意義を強調する場にもなっている勉強会は、職員の間で庁内一丸となって取り組む姿勢を育む機会にもなっています。

事例 1-6	専門委員会による市長への提言	金沢市

　石川県金沢市では、ICT 等の新技術を活用した次世代交通サービスの実現に向けて「金沢市次世代交通サービスあり方検討会」を設置しています。検討会では、今後の新しいモビリティサービスの方向性について議論され、その成果を提言書としてとりまとめました。提言書は 2021 年 2 月に市長に提出され（図 7）、ホームページ上でも公表されています。提言書には観光・商業・福祉・医療等との連携を推進していくことが示されており、持続可能なプラットフォームとして、行政と民間企業からなる「金沢 MaaS コンソーシアム」が設立されています。

図 7 「金沢市次世代交通サービスのあり方に関する提言書」を市長に提出（出典：金沢市提供資料）

(4) 取り組みを継続させるために、人材育成に取り組もう

a) 学習と交流の場への参加

　モビリティサービスは日進月歩で進化を遂げており、様々な創意工夫による取り組みが進められています。そのため最新の知見や教訓を学んでいくことが重要です。その機会の一例として、国土交通省が自治体向けの様々な研修プログラムを毎年実施しています。また、国土交通省と経済産業省が連携して立ち上げたスマートモビリティチャレンジ推進協議会では、自治体間の交流、自治体と民間とのマッチングや交流を進めています。

　さらに、一般財団法人運輸総合研究所では、関連のセミナーを定期的に開催しており、過去の講演などのアーカイブ配信も積極的に進めています。それ以外にも MaaS や新しいモビリティサービスの普及、産官学の連携を推進している団体による講習や会議（例えば、公益財団法人交通エコロジー・モビリティ財団、一般社団法人 JCoMaaS や日本モビリティ・マネジメント会議など）、また一般財団法人計量計画研究所ではモビリティ・マネジメント（MM）技術講習会を毎年開催しています。

　同じ課題を抱えた人たちと意見交換ができる交流の場が数多くありますので、こうした場に出向き、基礎的な知識を積極的に習得していくことが大切です。

b) 専門家の協力

　地域の課題や交通問題、地域の公共交通、新しいモビリティサービスなどに精通する専門家の助言を得て、方向性を確認しながら進めることが重要です。取り組みを俯瞰的に捉えることができる専門家として、大学等の有識者や交通コンサルタント等の協力を得ることが考えられます。

事例 1-7	学識経験者とコンサルタントが 協議会の設立・運営に協力	会津若松市

　福島県会津若松市の「会津 Samurai MaaS プロジェクト」では、協議会を組織して取り組みが進められています（図8）。協議会の立ち上げまでには、学識経験者の協力のもと5回にわたる勉強会や現地視察ツアーなどが

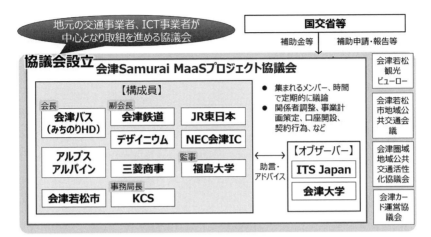

図8 「会津 Samurai MaaS プロジェクト」の関係主体（出典：会津若松市提供資料）

行われました。協議会設立後も、継続して学識経験者とコンサルタントによるアドバイスを採り入れています。また、事務局の運営を民間のコンサルタント会社が担当することで、取り組みの継続性が担保されています。

c) 主体間の交流

　様々な主体が関わりながら進められる取り組みでは、時に主体間で主張が対立することがあります。そうした対立を乗り越えるには、それぞれの組織の考え方や立場、文化等を互いに理解していくことが求められます。その対応策の1つとしては、自治体・交通事業者・IT企業等の間で人事交流を行うことで、それぞれの立場の理解につながることが期待されます。例えば、静岡市の取り組みでは、市から静岡鉄道に職員が出向し、MaaS の実証実験が実施されています。

d) 1人のキーパーソンに依存しないチームづくり

　取り組みを継続させる観点から見た場合、キーパーソン1人に強く依存しすぎない方が好ましいと言えます。属人化してしまうと、周りには状況がわかりにくくなりかねないことに加え、人事異動が生じると取り組みが継続しにくくなることも考えられます。そうした事態を回避するために、各組織

ではチーム全体で情報共有していく工夫が必要になります。加えて、キーパーソンを複数つくることを心がけ、役割分担をしながらチームづくりを進めていくことが重要です。

e）活動の周知

　活動を広めると新しい輪が広がり、結果として人材の育成にもつながります。活動を広める方法としては、様々な場で成果を自ら発表し、周知していくことが考えられます。それにより、同様の悩みを持つ仲間からのフィードバックも得られるようになり、関係者がさらに一体感をもって取り組みを進めていくことにもつながります。

　このほかに活動を広める方法としては、JCOMM賞（主催：日本モビリティ・マネジメント会議）やEST交通環境大賞（主催：EST普及推進委員会、公益財団法人交通エコロジー・モビリティ財団）といったモビリティサービス関連のコンテストに応募することも考えられます。表彰を受けることができれば、自治体内での理解が深まるとともに市民へのアピールの機会にもなり、ひいては担当者のやる気の向上にもつながることになります。

事例 1-8　　出版を通じて活動の価値を発信する

　2020年7月、伊豆半島で展開されている日本初の観光型MaaS「Izuko」のプロジェクトリーダーを務めた森田創氏（東急株式会社）が自身の経験をもとに執筆した『MaaS戦記　伊豆に未来の街を創る』（講談社）が出版されました。同書には、取り組みの際に直面した課題、課題を乗り越えるための工夫、仲間づくりをしながら進めていく姿など、新しいモビリティサービスの導入に向けた闘いの記録が記されています。このような書籍を通じて、取り組みの魅力を発信し、モビリティ分野への関心を高めていくことも、結果として人材の確保につながると考えられます。

実現するビジョンの共有

1 目指すべき姿

　モビリティサービスを導入すること自体を目的化してはいけません。あくまで地域が抱える課題を解決することを目的とし、その手段としてモビリティサービスの導入に取り組むことが基本的なスタンスであり、取り組みを進める際には常にその目的を意識しておくことが重要です。

　取り組みを推進するにあたっては、輸送を担う交通事業者、モビリティサービスを提供する民間企業、地元をリードする組織・団体、市民など、多様な主体が関わることになります。これらの主体が個別にそれぞれの目的に向かって取り組んでいては、十分な成果は見込めません。ですから、多様な主体が同じ将来像を目指して、協力して取り組みを進めていく必要があります。

　多様な関係者が連携して新しいモビリティサービスの導入を進めるためには、意識の異なる多様な主体を同じ方向へと導く原動力となるビジョンを描き、そのビジョンのもとで各主体が自律的に行動することが求められます。

2 課題

　様々な主体との連携や協力を進めるために、以下の課題に取り組む必要があります。

a) 地域課題の明確化

　地域課題を解決するためのモビリティサービスを検討する際には、地域課題自体が明確に示される必要があります。地域課題を曖昧に設定したまま、解決手段となるモビリティサービスを導入すると、地域の役に立たないサービスとなってしまう恐れがあります。

b) ビジョンづくりの徹底化

　モビリティサービスに関わる実証実験を実施する際には様々な準備や協議・調整が必要となるため、ビジョンを描くことに十分な時間を割けない、

あるいは、ビジョンを描くことに関心が向かないまま作成を先送りしてしまうことがあります。共有できるビジョンがなければ、同じ方向に向いているようであっても考え方には差ができたままであったことに気づかず、それがあとになって明らかになり、取り組みが継続されなくなることが懸念されます。ビジョンづくりは忘れずに、徹底して行うことが必要です。

c) 政策との整合性の確保

ビジョンにおいては、単にモビリティサービスが将来実装された際の交通の状態のみを描くのではなく、自治体の政策と整合性がとれたビジョンを描くことが重要です。

d) 当事者意識の醸成

他者から一方的にビジョンが示されると、そのビジョンそのものを自分事として捉えなくなる可能性があります。多様な主体の当事者意識を高める工夫が必要になります。

e) 共有の促進

ビジョンを共有し、共感できるようになれば、その主体はビジョンを前提として自律的に行動するようになることが期待されます。ビジョンは描いたままにせず、繰り返し共有を図ることが重要です。

3　課題を乗り越えるために

(1) 自治体が主導し、地域課題の解決に向けた道筋をビジョンとして描こう

モビリティサービスは、短期的な取り組みではなく、移動産業のCX（Customer Experience：顧客体験）やDX（Digital Transformation：デジタルトランスフォーメーション）を含む中長期な戦略の1つの手段です。したがって、中長期的な観点から、地域問題・課題に取り組む姿勢、自動化や電子化（非接触やキャッシュレス社会）を見据えた上で、市民の生活像や顧客目線に立脚したビジョンを描くことが求められます。単独のモビリティサービスが導入された姿だけを描くのではなく、地域のありようと密接に関わるものであることを踏まえて、自治体が主導して関係する民間企業や団体などに声をかけてビジョンをとりまとめることが大事です。

なお、ビジョンには、将来の生活を絵で示す場合（静岡市）や地域の課題を踏まえて取り組みの方向性を提示する場合（仙台市、前橋市）、基本的な方向性を宣言として提示する場合（横須賀市）など、その示し方には様々な方法が考えられます。

事例 2-1 協議会の宣言によって市民とビジョンを共有 ｜ 横須賀市

　神奈川県横須賀市のヨコスカ×スマートモビリティ・チャレンジ推進協議会は、2019 年 1 月に「横須賀スマートモビリティ宣言」を公表しました。モビリティをスマートにすることによる次世代のまちづくりの追求と、世界に通用する新産業の創出等を目標に掲げ、以下の 5 項目が宣言されています。

宣言 1　自由な移動の可能性を追求します
宣言 2　移動をワクワクさせる新しい価値を提案します
宣言 3　人々の交流を容易にし、まちの活力を取り戻します
宣言 4　モビリティビジネスを生み、育むゆりかごとして、様々な
　　　　アイデアを形にできる最先端の環境を構築します
宣言 5　地域の抱える課題のソリューションモデルを創出するスー
　　　　パーシティとして日本・世界に貢献します

　同市では、このビジョンのもと、民間企業と連携して実証実験が進められています。

事例 2-2 4 コマ漫画でビジョンをわかりやすく伝える ｜ 静岡市

　静岡県静岡市の MaaS コンソーシアム「しずおか MaaS」は、2020 年 7 月に「しずおか MaaS 将来ビジョン・中長期計画」を公表しました。その中では、目指すべき 5 つの方向性と併せて、目指すべき将来の生活の姿が 4 コマ漫画で表現されています（図 9）。漫画という表現を採用することで、

SCENE 1　　気の向くままに移動しよう

SCENE 3　　安心や快適をあたりまえに

SCENE 2　　心にゆとりを、暮らしにうるおいを

SCENE 4　　近未来にわくわくチャレンジ

図 9　「しずおか MaaS 将来ビジョン・中長期計画」に掲載されている 4 コマ漫画
（出典：しずおか MaaS 事務局提供資料）

この取り組みが単なるデジタルの取り組みではなく、暮らしを変えるための取り組みであることがわかりやすく伝えられています。

（2）解決したい地域の課題を定量化・可視化しよう

　多様な主体で共有できるビジョンとするため、目指す姿を魅力的に描くことはもちろん必要ですが、地域が抱える課題について主体間で共通認識を形成することも重要です。このためには、定量的根拠などを示しながら課題を明確化することが考えられます。既存の統計データや自治体の調査結果等を活用して地域の課題をビジュアルで表現することで、その課題を浮き彫りにすることができ、共通認識を形成しやすくなります。

事例 2-3	課題を定量的な根拠とともに可視化する	仙台市

　宮城県仙台市では、仙台 MaaS 運営委員会が MaaS に対する 6 つの期待を示しています。そこでは、各項目に対応する形で定量的な根拠が添えられており、現状の課題が関係者や市民にもわかりやすく示されています（図

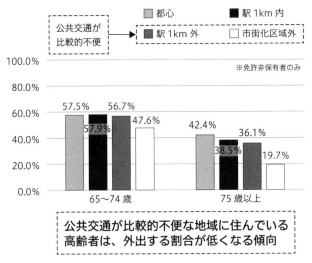

図10　仙台市の MaaS の取り組みにおける課題と根拠となる数字が同時に示された一例（高齢者の居住地と外出率の関係、2017 年）
（出典：仙台市のホームページ）

10)。文章だけでなく根拠となる数字が提示されることで、課題に対する認識が高まることが期待でき、その共有を図る上でも効果的だと言えます。

（3）短期的な成果を求めるだけでなく、政策と整合する中長期的な視点を含めたビジョンを描こう

新しいモビリティサービスの実証実験等においては、民間企業が事業を継続できるかどうかという観点からすると目先の成果が重要ではありますが、同時に、地域づくりに関わるという意味で中長期的な視野に立って取り組むことも重要です。その際、自治体が策定している地域公共交通計画はもちろんのこと、総合計画、スマートシティのビジョン、都市計画マスタープラン、立地適正化計画等、交通と関わりの深い上位関連計画等との連携・調整も大切です。

| 事例 2-4 | フィジカル空間とデジタル環境の両面からサービスを向上 | 前橋市 |

群馬県前橋市では、地域公共交通の再編と MaaS・新モビリティサービス

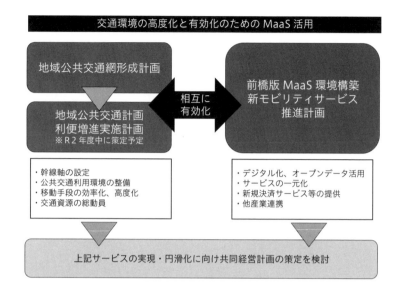

図 11　前橋市の交通政策の体系 (出典：前橋市提供資料)

の推進を連携して取り組むことが明確にされています（図 11）。地域公共交通計画および利便増進実施計画により公共交通のサービス向上に取り組むことと並行して、デジタル化やオープンデータ化などの取り組みをセットで進め、これにより全体としての交通ネットワークの機能強化を進めています。

（4）ビジョンづくりには多様な主体を巻き込もう

　描かれたビジョンを各主体が尊重し自分事として受けとめ、そのビジョンの実現に向けて自律的に取り組むようになるためには、ビジョンの作成段階から意見を述べるなど、関与する機会があることが求められます。

　ビジョンづくりに関わってもらうべき主体としては、既存の交通事業者はもとより、技術を保有する民間企業に加え、経済・福祉・観光などの地元で活躍する組織・団体等が考えられます。こうした地元組織に関わってもらえれば、様々な連携の取り組みに対する協力を得られやすくなります。

図 12　静岡市のコンソーシア
ム内の「将来ビジョン部会」に
よるワークショップ（出典：しずお
か MaaS 事務局提供資料）

| 事例 2-5 | コンソーシアムメンバーによる
ビジョンづくりワークショップ | 静岡市 |

　静岡県静岡市では、コンソーシアムの中に「将来ビジョン部会」を設置し、延べ 8 回に及ぶワークショップを通じてビジョンづくりを行ってきました（図 12）。ワークショップは、成果としてビジョンがとりまとめられたことに加え、そもそも何のために取り組むのかについて担当者がじっくりと考える機会にもなり、取り組むべき課題や目指すべき将来像が明確化されるという効果もありました。

(5) 描いたビジョンを、繰り返し広めることで共有していこう

　ビジョンはつくるだけでは意味がなく、新しいモビリティサービスの導入に関わりのある主体の間で共有する必要があります。ホームページ・シンポジウム・冊子・動画などを活用しつつ繰り返し伝え、浸透させていくことが重要です。また、ビジョンは一度つくったら終わりではありません。アップデートにも取り組みましょう。

| 事例 2-6 | 市長自らが LRT の説明会を 100 回以上行い、
市民とビジョンを共有 | 富山市 |

　富山県富山市では、市の課題である人口減少の対策として、中心市街地の活性化を掲げ、その手法として、都市内の公共交通網のサービスレベルの向上を目指すことにしました。その際、公共交通への補助、中心市街地への補助、LRT（軌道系公共交通）沿線地域への補助を柱とした公費投入に対して

市民の理解を得るため、市長自らが率先して 100 回を超える地元説明会を行い、市民とビジョンを共有していくことで、施策の実現にこぎつけました。リーダー自らが汗をかき、積極的にビジョンの共有を図った事例です。

ポイント 3 地域公共交通をリデザインする

1 　目指すべき姿

　地域の課題を解決していく上では、モビリティサービスの導入を進めるだけでは十分な効果が得られない場合があります。移動は様々な交通手段のつながりで成り立っていることから、モビリティサービス単体だけで捉えずに、既存の公共交通を含む地域の公共交通全体のリデザイン（再編）を検討することも重要です。

　日本では、鉄道やバス等の公共交通事業者の多くが民間企業であることもあり、モビリティサービスを導入する際には既存の公共交通の利用者数と収益に悪影響が及ぶことが懸念されます。対して、諸外国では、コロナ禍においてマイクロモビリティ（電動キックボードや自転車シェアリングなど）が急速な勢いで拡大した結果、地域の公共交通の需要が低下している都市も見受けられる一方、それをうまく組み合わせることで公共交通とマイクロモビリティの双方の需要が増加した都市もあります。

　マイカーに匹敵するようなドア・トゥ・ドアの移動サービスを実現していく上では、単独の輸送サービスを導入するだけではサービスの継続性や需要喚起につながりにくいケースもあります。人の活動や生活をきちんと捉え、それらと一体となった交通ネットワークの構築を目指して取り組むことが重要です。

2 　課題

　モビリティサービスを活用した地域全体の公共交通をリデザインするにあたっては、以下の課題に取り組む必要があります。

a) 既存の公共交通と新しいモビリティサービスとの連携

移動の CX や DX を向上させるために、既存の路線固定型・時刻表固定型の路線バスと需要に応じて配車が行われるデマンド型交通との連携など、既存の公共交通の強みを活かしつつ、弱点をモビリティサービスで補強できるように、両者の連携を図ることが求められます。

b) 各交通手段間のシームレス化

モビリティサービスは、幹線系の公共交通と組み合わせることで効果を発揮するものです。したがって、デジタルでつなぐだけでなく、フィジカル空間での各交通手段のつなぎ方にも注意する必要があります。

c) 利用を損ねない運賃の設計

既存の公共交通とモビリティサービスを一体の交通システムとして捉えた場合、交通手段を乗り換えるごとに費用が増えるようなサービスでは利用が広がりにくくなります。そのため、運賃の設計が課題となります。

3　課題を乗り越えるために

(1) 様々なサービスをトータルでデザインしよう

自治体では、個々のモビリティサービスではなく、それらを組み合わせたトータルとしてのモビリティサービスを考えることが大切です。交通計画においても各モビリティサービスの役割分担を明確化しましょう。

地域公共交通計画、交通戦略、総合交通体系調査など、交通の将来の姿を描く計画づくりにおいては、地域の課題に対応させながら、モビリティサービスをうまく活用した公共交通のネットワーク（共同運行含む）、運行頻度、運賃、運用について計画を立案していくことが重要となります。自治体が主導して描いた交通計画を下敷きとして、幹線系の公共交通と相まって機能するモビリティサービスを民間企業の創意工夫のもとで展開し、それを交通システム全体として持続的に機能させていくようにしましょう。

そもそも地方都市では、交通手段の選択肢が限られている場合があります。その場合、まずはモビリティの選択肢を増やす取り組みから始めることが考えられます。また、目的によって輸送手段がそれぞれ提供されていて非効率

公共交通利用者対象者が減っていき持続していくことが難しい 〈相反する課題〉 免許返納促進等のために路線バス等の本数等の充実、運賃の無料化を図るべきとの要請

今までと同じやり方では解決できない
地域公共交通の確保・維持において効果的・持続的な方法は??

【解決の方向性1】
生活交通と観光交通のベストミックス（ハイカラさん、あかべえ）

【解決の方向性2】
バスの確保・維持・改善・再編
（公共交通圏計画・再編計画）

【解決の方向性3】
地域住民が主体となった新しい移動手段の構築（金川町田園町住民コミバス「さわやか号」、みんなと湊まちづくりネット「みなとバス」）

これまでの取組、基軸となる取組

【解決の方向性4】
路線バス以外の新しい移動手段をつくる（メニューを増やす）

これから付け加えていく取組
MaaS、ICT

【解決の方向性5】
便利に使える新しいサービスをつくっていく（メニューを束ねる、メニューを掛け合せる）

図 13　会津若松市が直面する課題と解決の方向性（出典：会津若松市提供資料）

な場合には、目的と移動を束ねていくことが求められます。加えて、様々な
モビリティサービスが一体として機能できるように、フィジカル空間とデジ
タル技術を組み合わせていく取り組みも大切になります。

| 事例 3-1 | サービスのメニューを増やしてから束ねる | 会津若松市 |

　福島県会津若松市では、まずはサービスのメニューを増やした後にそれら
を束ねて掛け合わせていく取り組みを進めています（図 13）。市内には、モ
ビリティの選択肢を増やすことを目的として、大内宿観光 MaaS、会津まち
なか観光 MaaS、タクシーデリバリー MaaS、会津広域観光 MaaS、高校通
学 MaaS、まちなかコミュニティ MaaS など、多様なプロジェクトが立ち上
げられており、それらが並行で進められています。

| 事例 3-2 | 既存の公共交通とデマンド型交通の共生 | 豊明市 |

　愛知県豊明市では、既存のバス路線で高収益を上げている路線との競合を

図14　豊明市の「チョイソコとよあけ」（出典：株式会社アイシン提供資料）

避けながら、赤字路線でデマンド型タクシー「チョイソコ」の昼間運行を実施しています（図14、2章1節参照）これにより、路線バスが減便された一方、コミュニティバスが市内主要施設と住宅密集地の循環路線等の運行に注力できるようになり、本数を増やすことが実現されています。

| 事例 3-3 | 路線バスの利用者をデマンド型交通へ引き継ぐ | 宗像市 |

　福岡県宗像市の日の里団地では、住民の足となっていた循環型路線バスが、人員不足を最大の要因として廃止に追い込まれる事態に直面しました。そこで市と地元の協議会が協議を重ね、代替策を講じる必要があると判断され、デマンド型交通が導入されることになりました（図15）。もともと路線バスを利用していた住民をうまくデマンド型交通に引き継ぐことができたことから、一般的なコミュニティバスに比べて収支率が良いという結果が得られています。

| 事例 3-4 | 目的地とバス利用をセットにした
サービス開発・情報発信 | 十勝・帯広 |

　北海道十勝・帯広エリアを拠点にバス事業を展開している十勝バス株式会社では、通院や買い物などの目的地別の時刻表とバス利用を動機づける情報を掲載したチラシを作成し、住民に配布しています（図16）。加えて、「市

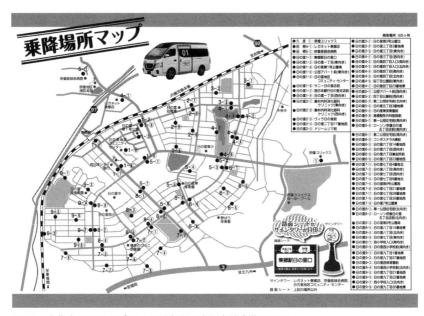

図 15　宗像市におけるデマンド型交通の実証実験実施エリア（出典：宗像市のホームページ）

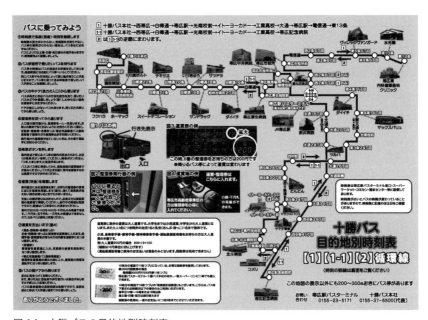

図 16　十勝バスの目的地別時刻表（出典：十勝バス株式会社のホームページ）

内乗り放題きっぷ」と「スイーツめぐり券」の組み合わせなど、移動手段と
目的地をセットにした目的提案型の取り組みも実施しています。このような
市民の足を確保するための取り組みを続けてきた結果、2011年度には40
年ぶりに乗合バス事業の増収を達成しました（2章1節参照）。

（2）乗り継ぎをデザインしよう

　バスとタクシーを中心に設計されている駅前広場には、新しいモビリティ
サービスのための専用スペースが確保されていない場合が多く、乗り継ぎが
不便となり、結果としてサービスのレベルが低くなってしまうことがありま
す。これはモビリティサービスそのものの課題ではなく、フィジカル空間側
の問題です。自治体では、新しいモビリティサービスの実証実験の段階から、
インフラをはじめとしたフィジカル空間側で対処が必要な事項を洗い出し、
国道事務所や道路管理者とともにインフラの再整備もしくは道路空間の再配
分といった対応策を検討しておくことが求められます。また、実装の段階で
は、時間を空けずに乗り継ぎができるよう利便性を高めることで、新しいモ
ビリティサービスが一層活躍できるように協力しましょう。

　最近では、駅などの大規模な交通結節点とは異なる新たな結節点としてだ
けでなく、比較的小規模ながら居住地やまちなかでモビリティの乗り換えを
行える「モビリティハブ」に注目が集まっています。こうしたモビリティハ
ブの配置は利用者のモビリティに大きな影響を及ぼしますので、場所の確保、
乗り継ぎするモビリティサービスなどに関してきちんと検討を行い、自治体
と民間企業が連携して取り組むことが求められます。また、モビリティハブ
には人が集まるポテンシャルがあります。そのポテンシャルを活かして、ま
ちづくりと一体となった取り組みを促進することも重要です。

| 事例3-5 | 路線バスの折り返し場をモビリティハブに | 武蔵野市 |

　小田急バス株式会社では、東京都武蔵野市内の路線バスの折り返し場に複
合施設「hocco（ホッコ）」を開設しています（図17）。駐車場・駐輪場は

図17　モビリティハブとしても機能している武蔵野市の複合施設「hocco」（出典：小田急電鉄株式会社提供資料）

整備されていませんが、シェアカー・シェアサイクルとバスの乗降場が集まるモビリティハブとしての機能を有しています。こうした開発とセットで小さなモビリティハブをつくる取り組みは、徐々に進みつつあります。

（3）運賃をデザインしよう

　バスを乗り継ぐたびに新たに初乗り料金を支払うことになると、利用者には運賃が高く感じられ、結果として利用が進まなくなるといった状況が生じることがあります。これはバスだけに限らず、新しいモビリティサービスに関しても同様で、バスとシェアサイクルの乗り継ぎ、バスとデマンド型交通との乗り継ぎなどを考える際に、出発地から目的地までにかかる合計金額の大きさが、利用者がその交通手段を利用するかどうかに大きく影響します。

　前述したように、交通が一体的なシステムとして機能することを目指す以上、運賃についても一体として捉えることが重要です。定額制の乗り放題、

乗り継ぎ運賃の割引、ダイナミックプライシング[*2]など、運賃を柔軟に活用することを検討し、一体的なサービスの構築を目指しましょう。

事例 3-6	交通系 IC カードを活用した 乗り継ぎ時の運賃割引サービス	金沢市

　北陸鉄道株式会社では、金沢市内の路線バスにおいて、交通系 IC カード「ICa（アイカ）」を使って乗り継ぐ際に運賃を割引するサービスを実施しています（図18）。金沢市の支援を受けて行われているサービスで、もともとあった乗り継ぎの際の割引サービスの割引額を 30 円から 100 円に引き上げました。新型コロナウイルス感染症の感染拡大で落ち込んだ利用客の回復につなげる狙いがあります。

図 18　北陸鉄道の IC カードを活用した運賃
割引サービス「ICa 乗継割」（出典：金沢市提供資料）

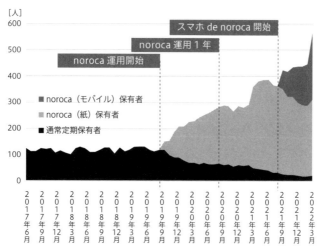

[人]

600

スマホ de noroca 開始

500

noroca 運用 1 年

400

noroca 運用開始

300

■ noroca（モバイル）保有者

200

■ noroca（紙）保有者

100

■ 通常定期保有者

0

2017年6月 2017年9月 2017年12月 2018年3月 2018年6月 2018年9月 2018年12月 2019年3月 2019年6月 2019年9月 2019年12月 2020年3月 2020年6月 2020年9月 2020年12月 2021年3月 2021年6月 2021年9月 2021年12月 2022年3月

図19　小山市の全線共通の定期券「noroca」の保有者数の推移
（出典：小山市提供資料をもとに筆者作成）

事例 3-7	最大 7 割引きの全線共通定期券と スマホ定期券の導入で利用者を拡大	小山市

　栃木県小山市では、従来の定期券に対して最大 7 割引きで市内の全路線のバスが乗り放題になる全線共通の定期券「noroca」を導入しました（事例 5-3、図 30 参照）。クレジットカードを持たない学生やスマートフォンを持たない高齢者も利用しやすい紙製のカードを採用しています。導入後、定期券の保有者は増加しており、今では LINE を活用したスマホ定期券「スマホ de noroca」も導入され、導入初月には保有者が大幅に増加しました（図19）。

事例 3-8	定期券と回数券で利用できる デマンド型交通で収益を拡大	永平寺町

　福井県永平寺町では、交通空白地において、自家用有償旅客運送[*3]により自家用車で住民を送迎するデマンド型交通「近助タクシー」を大人 300 円（中学生以下：50 円、未就学児：無料）で運行しています（図 20）。ドライバーが現金を扱いたくないという意見があったため、現金のやりとりを

図20　永平寺町のデマンド型交通「近助タクシー」（出典：永平寺町提供資料）

減らす工夫として定期券（1カ月乗り放題、4000円）と回数券（11枚綴り、3000円）を準備したところ、ほとんどの利用者がこれらを利用し始めました。乗り放題で自由に利用できるようになったことで、温泉などへの利用者が増え、全体としての収益も増加しています。

| 事例 3-9 | 定額で規定エリア内が乗り放題になる新サービス | 東京都ほか |

　全国各地で交通事業を展開している WILLER 株式会社では、月額5000円で規定エリア内が乗り放題になるモビリティサービス「mobi（モビ）」を、東京都渋谷区・豊島区、名古屋市千種区、大阪市北区・福島区、京丹後市で提供しています（2022年6月30日時点、図21）。近距離移動の代替となる新たな交通手段として利用されることを目指しており、家族2人目からは1人500円で利用できたり、特定の店舗への移動は無料で行けるようにするなど、価格の負担感を下げることで利用促進に取り組んでいます。

図 21　エリア内乗り放題のモビリティサービス「mobi」（出典：WILLER 株式会社提供資料）

<table>
<tr><td>ポイント 4</td><td>データエコシステムをつくる</td></tr>
</table>

1　目指すべき姿

　単体で機能するモビリティサービスであっても、他のモビリティサービスが保有する時刻表等のデータと連携することで、移動に新たな価値を付加することも可能です。例えば、バスの出発時刻に合うようにデマンド型交通が迎えに来てバス停まで送り届けてくれるといったようなサービスが考えられます。モビリティサービスが移動に新たな価値を加えられるように、他のモビリティサービスが保有するデジタルデータに必要に応じてアクセスできるような環境の構築を目指すことが重要です。こうしたデータの利活用環境を、自然界の生態系になぞらえて「データエコシステム」と呼んでいます。

　データに関わる取り組みを進める際には、データの品質確保、流通、セキュリティ確保などを含むデータガバナンスの視点が欠かせません。特に、自治体が運行支援を行う条件として運行実績などの報告（データレポーティング）を求めたり、データを様々なビジネス等で活用できるようなルールを設定するなど、データを幅広く活用していくことを念頭に置きつつデータエコシステムを構築することが求められます。

なお、MaaS の構築に関わるデータの連携については、国土交通省の「MaaS 関連データの連携に関するガイドライン」（事例 4-5 で後述）に示されている協調的データ・競争的データ等の考え方に基づいて取り組みを促進していくことが重要です。

2　課題

　モビリティサービスに必要なデータの連携を促進するために、以下の課題に取り組む必要があります。

a）デジタルデータの整備とデータフォーマットの統一化

　データのデジタル化には手間がかかることから、時刻表や運賃などの基本的なデータであってもデジタル化されていないケースが少なくありません。データをデジタル化するとともに、そのデータをモビリティサービスのために活用できるようにしていくことが課題となります。また、データがデジタル化されていても、異なるデータフォーマットではデータの変換に要する手間や処理時間が増えることになり、サービス設計上の問題となることが懸念されます。地域内でデータフォーマットの統一化を図ることも重要です。

b）新たなニーズに対応するデータの整備に要する費用・人材の確保

　リアルタイムデータやバリアフリー関連のデータは利用者の利便性の向上につながる価値あるデータですが、データの取得や整備に要する費用や人材の確保が課題です。

c）新たな輸送手段に関するデータ整備の促進

　既存のバスや鉄道ではデータ整備が比較的進められているのに対して、シェアサイクル・電動キックボード・パーソナルモビリティなどの新たな輸送手段のデータ整備については今後の課題になります。

d）ベンダーロックインへの対策

　地域の交通サービスが特定のベンダー（IT 企業などの製造元）が提供するシステムやサービスに強く依存することになる状況を「ベンダーロックイン」と言います。このベンダーロックインは、オープンな競争環境を形成する上で妨げになります。大手プラットフォーマーをはじめ、特定の企業によ

るデータ独占から地域のデータを守ることが求められます。

3　課題を乗り越えるために

(1)　データのデジタル化を自治体が支援しよう

　時刻表や運賃等の静的なデータのデジタル化は、データの連携を図る上で当然必須ですが、交通事業者が自らデータのデジタル化を実施するには負担が大きい場合があります。一部の交通事業者でボランティア的にデータのデジタル化に取り組んでいるケースも見受けられますが、継続できなくなる可能性は否めません。こうした問題への対応策として、群馬県では県単位でGTFS等の整備を推進しています（事例 4-2 で後述）。一方、デジタル化されたデータについては、県などがデータを集約して品質保持や管理を進めつつ、様々なデータをオープンに活用できるプラットフォームを構築していくことが考えられます。

　また、今後は、公共交通のコネクティッド（指令センター等と常にデータや指示のやりとりをすること）が普及していくこと、また自動運転社会が到来することが想定されます。行政がコネクティッド関連の費用を支援する場合には、その付帯条件として行政へのデータ提供を義務化するなど、官民のデータ連携を併せて推進していくことも重要です。

　加えて、時刻表や運賃は改定されることがありますので、データのデジタル化にあたっては継続的に更新していかなければならない点に留意する必要があります。整備後の更新方法について、あらかじめ検討しておくようにしましょう。

　一方、データはただデジタル化されればよいというわけではありません。データが目的に対して活用できる品質を確保できているかどうかが重要です。データの品質のマネジメントにも取り組みましょう。

　なお、実証実験を行う際や民間主導で交通手段の連携サービスを提供する際に、データのデジタル化が過度な負担となることがあります。そのような場合には、経路検索サービスなどを提供するコンテンツプロバイダが整備しているデータを有償で活用することも選択肢に入れておきましょう。

図 22 「標準的なバス情報フォーマット広め隊」のホームページ
(出典：標準的なバス情報フォーマット広め隊のホームページ)

事例 4-1　有志による標準的なバス情報フォーマット整備促進活動

　標準的なバス情報フォーマット（GTFS-JP）によるデータ整備に関わる有志が立ち上げたコミュニティに「標準的なバス情報フォーマット広め隊」があります（図 22）。フリーで使用できるデータ作成ツールの開発・提供・利用支援を行うとともに、行政や運輸局の勉強会での講師を請け負ったり、事業者や自治体にツールの導入を指南するなど、公共交通におけるオープンデータの普及に向けて精力的な活動を行っています。

事例 4-2　県主導による標準的なバス情報フォーマットの整備　　群馬県

　群馬県では、公共交通の利用促進策の一環として、市町村・バス事業者と連携し、県内すべてのバス路線に関する情報を国土交通省が定めた「標準的なバス情報フォーマット」形式で整備し、全国に先駆けて 2018 年に公開しました（図 23）。これにより、様々な地図アプリ上で経路等の情報が検索で

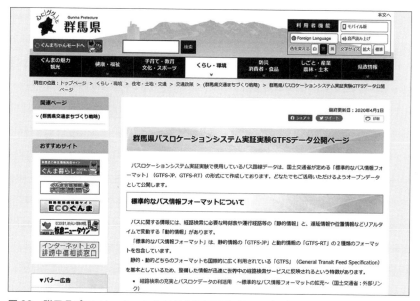

図 23　群馬県バスロケーションシステム実証実験 GTFS データ公開ページ
（出典：群馬県のホームページ）

きるようになるとともに、2021 年には群馬県公共交通オープンデータハッ
カソン（ソフトウェア開発の関係者が集い、短期集中的に開発を行うイベン
ト）も開催され、新たなサービス開発を促進しています。

事例 4-3	業務データとの一体化により オープンデータの自動更新を実現	群馬県

　群馬県内でバス事業を展開している永井運輸株式会社では、バスのオープ
ンデータを常に最新情報に更新するための工夫として、バスのオープンデー
タと社内の業務データとを一体化させています。これによりオープンデータ
が自動的に更新され、業務に支障をきたすことが解消されました。オープン
データ化にあたってはフリーのデータ作成ツールを活用しており、ダイヤ変
更の検討を行う際の業務も効率化が実現されたそうです。

図 24　山形県地域公共交通情報共有基盤のホームページ（出典：山形県のホームページ）

| 事例 4-4 | 地域公共交通に関する情報共有基盤の構築 | 山形県 |

　山形県では、路線バスやコミュニティバス等の運行情報、公共交通に関する統計データ、交通以外のサービス（商業・医療・観光等）の情報等について、官民連携によりオープンデータ化を進め、横断的に活用できるデータ基盤として「山形県地域公共交通情報共有基盤（やまがた公共交通オープンデータプラットフォーム）」を公開しています（図 24）。また、併せて「山形県地域公共交通情報共有基盤の構築・運用ガイドライン（案）」を公表しており、関係者の役割ととるべき措置を規定することで、情報の鮮度を保つとともに、ユーザー目線での使いやすさも保つ取り組みも進められています。

| 事例 4-5 | MaaS 関連のプレイヤー間のデータ連携を促進するガイドライン | 日本 |

　国土交通省では、MaaS に関与するプレイヤーが各地域でデータの連携を

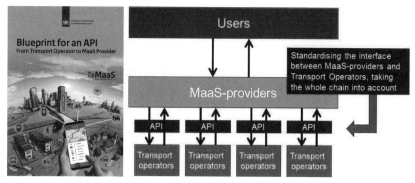

図 25　オランダ政府が公表した MaaS 事業者間の連携に必要な API に関するガイドライン（左）と API の機能要件を示した模式図（右）
（出典：Ministry of Infrastructure and Water Management, "Blueprint for an Application Programming Interface"）

円滑に行うために留意すべき事項を整理し、「MaaS 関連データの連携に関するガイドライン Ver.2.0」として公表しています。このガイドラインでは、各主体間の連携を促進するためのモデルケースが示されており、地域内でデータを連携していく環境を構築する際に参考となる考え方が整理されています。

事例 4-6	事業者間のデータ連携に必要な API に関するガイドラインの作成	オランダ

　オランダでは、MaaS のサービスを促進するため、交通事業者と MaaS プロバイダー（提供者）との間でデータを連携する際に利用する API [*4] の機能上の要件を示したガイドラインを公表しています（図 25）。このガイドラインの作成には、シェアサイクル事業者、デマンド型交通の事業者、大学なども関わっています。

（2）データ活用の公共的価値を踏まえたデータの取得・整備を推進しよう

　移動制約者の円滑な外出に資するデータに関しては、個人情報の取り扱いに配慮しつつ、各事業者が保有するデータを融通しあえるように働きかけることが考えられます。これにより、利用者が交通手段の乗り継ぎをスムーズに行えるようになります。

また、鉄道・バスの位置情報などのリアルタイムデータは、災害発生時に自治体で活用するという観点からも、自治体として整備・普及を支援することが重要です。

| 事例 4-7 | 誰もがストレスなく移動できるサービスを構築する産学官の連携プロジェクト | 横須賀市 |

　全日本空輸株式会社、京浜急行電鉄株式会社、横須賀市、横浜国立大学の連携から始まった産学官連携プロジェクト「Universal MaaS」は、障がい者や高齢者、訪日外国人など、何らかの理由で移動にためらいのある人々が快適にストレスなく移動を楽しめることを目的として提供されている移動サービスです（図26）。出発地から目的地まで移動する際に必要な情報（運賃、運航・運行状況、経路、スポット情報等）を利用者側に提供するとともに、利用者自身の位置情報や特性情報、希望する介助内容等を各事業者側に共有するなど、まずは情報をつなぐことに注力されています。

　最近の取り組みとしては、2021年9月に、航空機の利用者向けの経路検索サービスであるANA空港アクセスナビに「バリアフリー地図／ナビ」機能が追加されました。さらに翌年1月には、JR東日本、東京モノレール、

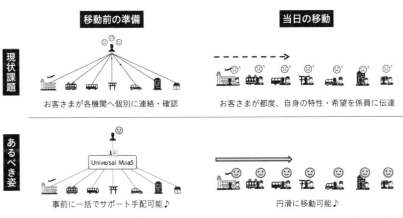

図26　横須賀市等の産学官連携プロジェクト「Universal MaaS」のコンセプトの一例（介助を必要とされるお客さまの移動課題・あるべき姿）（出典：全日本空輸株式会社提供資料）

MKタクシーの連携により車いすユーザー向けの移動支援サービス「一括サポート手配」の実証実験を実施することが発表され、2月には横須賀市、損害保険ジャパン、プライムアシスタンス、Ashirase、ANAウィングフェローズ・ヴイ王子の連携により視覚に障がいのある人向けの歩行支援サービスの実証実験に取り組まれるなど、その取り組みは広がりを見せています。

(3) DX時代に向けた官民間でのデータ連携を推進しよう

マイクロモビリティなどに関連する道路の使用許可や占用許可の条件として、関連データの行政への提供を要請するといった取り組みを進めることにより、新しいモビリティサービスに対しても、安全面や公共交通利用への影響面なども踏まえつつDX時代に向けた官民間でのデータ連携を推進していくことが重要です。

(4) 多様な主体が参入しやすい環境を整えよう

データフォーマットの標準化とAPIとの連携を促すなどにより、後発者の参入機会の確保を常に意識したデータ利用環境を検討しましょう。また、地域内で官民連携でMaaSのデータ基盤を構築し、民間企業に対してオープンに開放できれば、ベンダーロックインを防止することができるとともに、地元企業の育成、多様な新事業者の参入も推進できるようになります。

例えば、地域の交通事業者が保有するデータをアプリの開発を行うIT企業に開放することで、新規参入しやすい環境を構築していく取り組みが実際に始まっています。

事例4-8	交通事業者が他社と連携して取り組む オープンなデータ基盤の構築

小田急電鉄株式会社が取り組みを進めている「MaaS Japan」は、交通データや電子チケットなどを提供するオープンなデータ基盤です（図27）。小田急電鉄が時刻表・料金等のデータを提供し、経路検索エンジン提供事業者と連携することで、基盤となるプラットフォームを整備しています。この

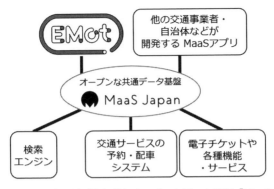

図27　小田急電鉄が取り組むオープンなデータ基盤「MaaS Japan」の位置づけ (出典：小田急電鉄株式会社提供資料)

データ基盤により、経路等の検索やデジタルフリーパス等の購入ができるスマートフォンアプリ「EMot（エモット）」を利用者に提供するとともに、他地域の交通事業者等にもプラットフォームを活用可能とすることで、データの連携も拡大しています。

事例 4-9	交通事業者がデータ連携基盤を構築し、アプリ開発会社に開放	会津若松市

　会津若松市では、交通事業者がデータの連携基盤システムを構築し、API連携に向けてその利用をアプリ開発事業者に開放する取り組みを行っていま

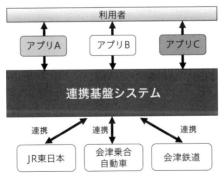

図28　会津若松市のデータ連携基盤システムの仕組み (出典：インタビューをもとに筆者作成)

す（図 28）。ここでは特定の事業者と契約を結び MaaS アプリを開発するのではなく、どんなアプリでも受け入れられる環境を整えて、アプリを通じてチケットが売れれば発券手数料を事業者に支払うという仕組みが採用されています。この仕組みは、アプリ開発事業者によるアプリの改良やチケットの販売促進を引き出すことにもつながっています。

ポイント 5　利用者の行動変容を仕掛ける

1　目指すべき姿

　新しいモビリティサービスの導入に向けて各地で取り組まれている実証実験を調査してみたところ、実証実験を実施してその成果をとりまとめるために、限られた予算と期間の中で様々な主体と数多くの協議・調整を行っていることがわかりました。また、実証実験を実施するにあたっても協議・調整に多くの時間を割く必要もあることから、実証実験を実施すること自体が目的化してしまうことが懸念されます。

　モビリティサービスの導入は地域が抱える課題を解決するための 1 つの手段であり、実証実験は本格導入に向けた課題の事前検証、実効性や有効性の事前確認、実験を通しての利害関係者の合意形成等を行うための取り組みであるとともに、利用者に新しいモビリティサービスを周知し、体験を通して行動変容を促していく仕掛けの 1 つです。

　新しいモビリティサービスの実証実験や本格導入にあたっては、利用者や交通事業者、利害関係者の意識変容や行動変容が、将来的にサービスを定着させていく上で重要になります。ですので、行動変容を意識したサービスの設計、利用者とのコミュニケーション、実施後のフィードバックなどについて、丁寧に取り組むようにしましょう。

2　課題

　モビリティサービスを活用した行動変容を促すために、以下の課題に取り組む必要があります。

a）地域課題の解決に向けたサービス設計とその道筋の明確化

　近年登場したモビリティサービスは新技術を活用するものが多いため、その新技術を試すことが目的化してしまう恐れがあります。システムの具体の内容から着手するのではなく、地域課題の解決に向けて行動変容を実現するためのサービス設計を実現できるように段階を踏みながら取り組むことが大切です。

b）利用者目線のサービス設計

　行動変容を起こしてもらいたいと期待する利用者（潜在的利用者を含む）に対して実際に行動を変えてもらえるような要素を考慮して、サービスを設計することが重要です。

c）従来の交通政策とセットにした取り組みの促進

　行動変容の取り組みはモビリティサービスの導入だけに限定する必要はありません。これまでの交通政策とセットで実施することで、より大きな効果が得られることも期待されます。従来の取り組みとセットで取り組むことも考えていくことが重要です。

d）行動変容に焦点を当てた実証実験の実施

　実証実験を検証する際には、その効果をわかりやすく説明しようとするあまり、利用者が増えたかどうか、アプリがどの程度ダウンロードされたかどうかといった点がクローズアップされがちです。サービス導入の効果を検証する上では、行動変容が生じたかどうかに焦点を当てて計測することが重要です。

e）取り組みに対する利用者の理解の促進

　サービス内容そのものによって利用者の行動変容を促す取り組みに加え、利用者側にサービスの意図や内容を認知・理解してもらうように働きかけていくことも大切です。

f）実証実験の継続性の確保

利用者の多くは従来の移動スタイルに慣れ親しんでいることから、新しい
モビリティサービスを導入したとしても、利用者の行動がなかなか変わらな
い場合があります。実証実験を継続して繰り返し取り組むようにすることが
大切です。

3　課題を乗り越えるために
（1）「地域課題の解決」と「行動変容」を軸とした
###　　　サービス導入検討プロセスを設計しよう

　行動変容を通じて地域の課題の解決を図ることが新しいモビリティサービ
スを導入することの目的であることから、課題と行動変容との関係を整理し、
それを前提としてサービスをデザインすることが重要です。行動変容を意識
した導入検討プロセスの一例としては、図 29 のようなプロセスが考えられ
ます。

　このうち、①地域課題の把握・ビジョンづくり、②課題解決に資する行動
変容の検討の 2 点については、自治体の関与が特に重要となります。解決
すべき地域の課題については政策立案に携わる自治体が詳しい立場にあると
考えられるからです。モビリティサービスの導入によりもたらされる行動変
容は交通システム全体に影響を及ぼすことになることもあるため、サービス
を提供する民間企業とは密にコミュニケーションを図ることが重要です。

　続く③新しいモビリティサービスのデザインや④実証実験（行動変容効果

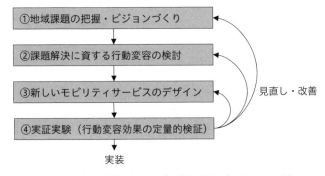

図 29　行動変容を意識したサービス導入検討プロセスの一例

の定量的検証）の段階については、民間企業に任せっぱなしにすることは好ましくありません。自治体側としては、新しいモビリティサービスを地域課題の解決に役立てていくために、創意工夫に富んだ民間の取り組みに対して、コミュニケーション・制度面からの支援、資金獲得の支援などを行うことが求められます。

　一方、民間企業では、実証実験を通して設計されたサービスが利用者に行動変容を起こすことができたかどうかを検証し、その検証結果をサービス改善に反映させていくというプロセスを繰り返し進めていきましょう。サービスを改善する際には、①②を常に意識することで目的を忘れないようにすることが大切です。なお、状況に応じて臨機応変に取り組みを進める姿勢も必要ではありますが、多様な主体に影響が及ぶ可能性がある部分には常に一定の配慮をし、自治体とコミュニケーションを図りながら取り組みのスピード感を掴みつつ進めていくことも重要です。

(2) 人々の行動特性を理解し、行動変容に結びつけるサービスを設計しよう

　人々に行動変容を促すサービスを設計するためには、行動変容を期待する対象者の移動や活動の実態を把握する必要があります。既存の統計調査や独自のアンケート調査などを活用することで、人々の移動や活動に関する理解を深め、行動変容を促すための手がかりを見つけましょう。

　行動変容を促す具体的な方法としては、情報提供、ポイント等のインセンティブ付与による誘導、ブランディングなどがあります。また、人口密度が低い地域で既存の移動手段がそもそも少なく、利用者の多くが高齢者である場合には、地域にモビリティサービスを残す観点から、移動希望時間の変更を利用者に働きかけて移動量を効率化するといった方法も考えられます。

| 事例 5-1 | ポイントサービスを活用して時差通勤の行動変容を促す |

　JR 西日本（西日本旅客鉄道株式会社）では、時差通勤で ICOCA ポイントがたまる新サービス「ICOCA でジサポ」を展開し、オフピーク時間帯へ

の時差通勤を促す取り組みを実施しています。2021年4月から開始された
このサービスは、同年9月には対象時間帯を拡大するとともに付与される
ポイントを10ポイント増やすなど、いち早くサービスの見直しも行われま
した。こうした交通系ICカードやアプリ等の普及が進むことで、ポイント
等のインセンティブが付与しやすくなり、利用者の行動変容を促すツールと
しても活用できるようになります。

事例 5-2　MaaSと呼ばないブランディングで利用意欲を高める

　先に紹介した東急のIzuko（事例1-8）や小田急電鉄のEMot（事例4-8）
にも見られるように、新しいモビリティサービスの多くで名称に「MaaS」
という言葉をあえて用いないブランディングが行われています。MaaSとい
う言葉やそれが指し示す事柄は、一般の利用者からするとわかりにくいもの
です。そこで、MaaSという言葉を含まずにブランド名やロゴマークを作成
することで親しみやすさを向上させるとともに、ビジュアルでそのサービス
が利用できることを容易に伝えることが可能になり、ひいては利用意欲を高
めることにもつながります。

(3) 新しいサービスとモビリティ・マネジメントを組み合わせた、総合的な取り組みを促進しよう

　交通に関する各個人の行動変容を促すための代表的な手法として、モビリ
ティ・マネジメントがあります。モビリティ・マネジメントの手法を体系化
した論考や全国各地で展開されている取り組みは、新しいモビリティサービ
スの導入を検討する際の参考になります。

　さらに、新しいモビリティサービスの導入とモビリティ・マネジメントを
組み合わせることで、一層大きな効果を得ることが期待されます。具体的に
は、自治体がトラベル・フィードバック・プログラム（複数回の接触や双方
向のコミュニケーションを通じて「かしこいクルマの使い方」を考え、実践
していくための取り組み）を展開し、民間が行うデマンド型交通の実証実験

と組み合わせるといった取り組みが考えられます。また、アンケートで居住者の交通行動特性を理解した上で、居住者の交通行動特性に沿ったサービスを設計すると同時に、そのサービスの情報を居住者に提供しながら利用のアドバイスを行うといった方法もあります。新しいモビリティサービスを提供したものの利用者が少ない場合でも、利用者への働きかけと情報提供をセットで行うことができれば、利用体験者が増え、サービスを継続して利用したいと考える人を増やす可能性が高まります。

| 事例 5-3 | コミュニティバスの利用促進に向けた総合的な取り組み | 小山市 |

　小山市では、バスのあるライフスタイルへの変革とマイカー依存からの脱却を目指し、コミュニティバス「おーバス」の利用促進に取り組んでいます。具体的には、バスの増便（4 路線）、新規路線の開業（2 路線）、バスの位置情報等を案内するバスロケーションシステムの導入、全線共通定期券「noroca」（図 30）の発売といった多彩な取り組みが実施されています。加えて、生活情報タブロイド紙「Bloom!」を全 3 号作成、市内全戸に配布し、バスのあるライフスタイルの提案も行いました。こうした総合的な取り組みにより、利用者が 2 年間で 7 万人増加するなど、大きな成果が上がっています。

図 30　小山市の全線共通定期券「noroca」
（出典：小山市のホームページ）

(4) 実証実験は、利用者の行動変容を把握する観点から
　　実施時期や手法を計画しよう

　実証実験を実施するにあたっては、利用者数の大小だけでなく、利用者の行動が変容したか、どのような行動変容が起きたのか・起きそうかについてのデータが得られるように、効果計測方法を設計することが重要です。この点に関しても、モビリティ・マネジメントの手法が参考になります。

　効果的な実証実験を行うためには、公募による資金確保を目論む場合であっても、資金の確保後に事業を具体化するのではなく、年度当初から事業がスタートできるように計画を策定し、関係者間の調整を進めることが望ましいと考えられます。

　また、実証実験の実施時期についても、冬季は積雪等の影響を受けやすく利用が伸びにくくなることも、あらかじめ考慮しておく必要があります。

| 事例 5-4 | 利用実績データとアンケート調査で
行動変容を把握し、サービス改善につなげる | 静岡市 |

　静岡市では、交通系 IC カードのデータを用いて、デマンド型交通と鉄道を乗り継いだ利用者を対象に、実験前と後で利用状況がどのように変化したのかを分析しています。併せて、意識を把握するためのアンケート調査も実施し、これらを組み合わせて行動変容がどのように生じているのかを分析することで、サービスのさらなる改善につなげています。

---

(5) サービスを体験・学習できる場を設け、利用促進につなげよう

　モビリティサービスには様々な車両・運行形態・運賃などの組み合わせが考えられるため、従来のバスやタクシーのようなわかりやすいサービスとは異質なものになる場合があります。そのため、サービスの中身を理解できずに不安を感じる人々が利用を躊躇し、結果としてサービスの利用が進まなくなる可能性があります。そこで、モビリティサービスを実際に体験でき、その使い方を学ぶことができるような不安を払拭する機会を設けることが求められます。特に、高齢者をはじめとするデジタル・デバイド（IT 技術を利

図31　会津若松市が実施しているスマホ教室（出典：会津若松市提供資料）

用できる人と利用できない人との間に生じる格差）の解消を図るためにも、スマートフォンの利用法を学ぶことができる説明会などと併せてサービスの利用体験会を行う方法が考えられます。

事例5-5	行政主導によるスマホ教室の実施	会津若松市

　会津若松市では、市内の金川町・田園町で運行するコミュニティバスの一部をデマンド型交通に移行する取り組みが進められています。それに先立ち、高齢者のスマートフォンの利用が前提となることから、携帯電話会社の協力のもと、スマホ教室を月に1〜2回の頻度で実施しており、使い方を教わるとデマンド型交通をうまく利用できるようになると好評を得ています（図31）。

(6) 利用者の行動変容に向けて、実証実験には時間をかけて　　粘り強く取り組もう

　長きにわたって行われてきた日々の行動は、すぐに変化するものではありません。その前提を踏まえ、新しいモビリティサービスに取り組む際には、人の行動の変容には時間がかかるという認識を関係主体間で共有しておくことが重要です。直接的なサービスの提供者にはならない自治体は、特にその認識を強く持っておく必要があります。その認識が不足している場合には、実証実験で利用者が少なかったという結果だけからそのサービスは不適切だ

と判断して支援をやめてしまい、せっかくの可能性の芽を摘んでしまうことにもなりかねません。人々の行動変容には時間を要することを官民間で共有し、地道に取り組んでいきましょう。

事例 5-6	20 年以上続くカーフリーデー運動が 世界約 3000 の都市へと拡大

毎年 9 月 22 日に、ヨーロッパの諸都市を中心として「カーフリーデー」という社会イベントが行われています。自動車の利用が都市の安全や環境に及ぼす影響に目を向け、望ましい都市交通のあり方を考える社会啓発活動です。この取り組みでは、市民への啓発と自治体の政策推進の双方が目指されています。2000 年に始まったカーフリーデーは、毎年実施されてきたことで今では世界で 3000 都市近くが参加する大規模な運動となっています。継続することで運動が着実に広がっていくことを示す好例だと言えるでしょう。日本でも 2004 年から横浜市・松本市・名古屋市が支援都市として参加して以来少しずつ増えており、2019 年には 13 都市が参加しています。

ポイント 6　データを地域全体の交通サービスに活用する

1　目指すべき姿

　MaaS やモビリティサービスを導入する取り組みでは、アプリの構築を目的とするものではありません。その取り組みにおいては、新しい移動体験やサービスの提供により、地域の交通サービスの向上に向けて課題を可視化しながら、常に市民目線に立ってサービスを改善していくことが大切です。市民がワクワクするような新しい交通社会を経験しながら、一緒に地域の課題を解決していくことが重要であり、しっかりした裏付けに基づく都市経営が求められます。

　IT 技術が発達した現在は、地域で供給されている交通サービスを可視化

することにより地域の課題を明らかにすることが可能な時代になりました。朝の運行頻度、日中の運行頻度、夜の運行頻度を可視化するだけでも、市民が利用したくなる交通サービスが提供されているのか、その現状と課題を多くの関係者と共有できます。鉄道とバスの乗り継ぎ時間の実態、主要な拠点までの移動時間や運賃などの可視化も有効です。

また、地域には、鉄道や路線バス・コミュニティバス以外にも、タクシー、各種送迎サービス、自転車シェアリングやカーシェアリング等、様々な移動サービスが存在しています。

地域全体の移動サービスの現状を把握し、それぞれの移動サービスの特徴をうまく活かした都市全体の経営が今後大切になります。

2 課題

データの活用を促進するために、以下の課題に取り組む必要があります。

a) 移動実績データ取得の徹底化

機器の仕様によっては移動実績データを計測できない場合があります。モビリティサービスの実証実験を行う段階ではそうした事実を見落としがちで、実験後に判明しデータを活用できなくなる場合があります。データを確実に取得するよう、注意が必要です。

b) 官民間でのデータ共有の促進

運行頻度・運行時間帯・運行路線・停留所などに関するデータが官民間で共有されていない場合には、行政が地域全体の交通計画や戦略を立案をする際に多大なコストや時間を要することになり、地域の課題を把握する上での障害になっているケースが見受けられます。

c) 地域内の全サービスに関する利用実績データ共有の必要性

地域の公共交通会議などでは、ローカル鉄道や路線バス・コミュニティバス等の一部の利用実態のみが共有されていることが一般的で、他の移動サービスの利用実態が共有されていないために地域の課題を明らかにすることが困難になっています。地域交通を経営するという観点から極めて限定的な情報で運営している点に課題があります。

3　課題を乗り越えるために

（1）サービスの設計段階からデータ利活用の戦略を練ろう

　モビリティサービスの提供を通じて得られるサービスの利用実績データを各関係者が適切に取得できるように、サービスを設計する段階において、取得したいデータ、データの取得方法、データの活用方法を含むデータ利活用に関する戦略を検討しましょう。その一例としては、活用する目的に応じて入手できる指標を設定することが考えられます。

　データ利活用に関する戦略は、様々なデジタルツールの中から活用するツールを選択する際の判断材料の１つにもなります。例えば、乗車時と降車時に利用者が交通系 IC カードを車両に積載された端末にタッチすることで、乗降の OD データ（出発地と到着地間の利用者数を表すデータ）を取得することが可能になります。しかし、降車時に運転手が目視でチケットを確認する場合には OD データは取得できないため、OD データを取得したければ端末の導入を考える必要が生じます。もちろん、利用者に対するサービスの提供を第一に考えるべきですが、サービス改善などで活用できるデータの取得についても併せて設計の段階で検討することが大切です。

| 事例 6-1 | IC カード・マイナンバーカードを利用した
データ取得 | 前橋市 |

　前橋市では、2022 年春から一部のバス路線で地域連携 IC カード「nolbé（ノルベ）」を導入しており、すでに導入されている「PASMO」と組み合わせることで全市のバス路線が IC カード対応となりました（図 32）。IC カードの全面的導入により OD データが取得できるようになり、よりきめ細かな交通再編に活かすことができるようになります。また、市がサービスを提供している「マイタク（でまんど相乗りタクシー）」では、マイナンバーカードで乗車管理が行われており、移動の実績データが取得できるようになっています。今後は、この実績データをもとに近未来を予測し、タクシーの再配置などに活用していくことが期待されます。利用者の利便性の向上と

図32　前橋市で導入された地域連携 IC カード「nolbé」
（出典：前橋市のホームページ）

併せて各種データの取得を戦略的に検討していくことの有効性を示す先進事
例と言えるでしょう。

（2）利用実績データの自治体への提供を取り決めよう

　地域の各モビリティで得られた利用実績データは、モビリティサービスを
提供する民間企業がサービス向上のために活用することはもちろんですが、
加えて地域が抱える様々な課題の解決にも活用できるようにすべきです。そ
こで、自治体では、データ活用の目的とそのために必要なデータを明確化し
た上で、交通事業者やモビリティサービスを提供する事業者等と協議し、利
用実績データを提供してもらうよう取り決める必要があります。

　しかしながら、民間企業では個人情報を保護する観点から個人情報が含ま
れるデータを第三者に提供することには抵抗があると考えられ、また自治体
側も民間企業からデータを入手するたびに個人情報保護条例に則って取り扱
う必要があるため手間がかかります。特に、交通実態を常時モニタリングす
る目的で個人情報までも含めて取り扱うことは効率的ではありません。こ
のことから、基本的には個人情報が含まれない形で、民間企業から自治体に
データ提供がなされることが理想的です。しかし、この場合には民間企業が
データを抽出して匿名化処理を施さなければならず、民間企業側にとって負
担となります。その対応策としては、データ取得のための機器の設置やデー

タの抽出処理のためのシステム開発に要する費用を自治体が負担する代わりにデータ提出を求めるなど、必要な支援措置の代わりとしてデータを提供してもらうことを契約時等にあらかじめ取り決める方法が考えられます。

　なお、政策目的によっては詳細な居住地や年齢階層等を含めた移動実績を分析する必要が生じる場合もあります。こうした可能性も排除することなく、データの活用方法を踏まえた上で民間企業と自治体との間でデータのやりとりについて取り決めることが大切です。

事例 6-2 世界で進む
モビリティサービスから取得したデータ報告の義務化

　OECD 世界交通フォーラム（ITF：International Transport Forum）が 2021 年に公表した報告書「The Innovative Mobility Landscape: The Case of Mobility as a Service」では、データ報告の義務（データレポーティング）を確立することが提案されています。モビリティサービスから取得されるデータは、法令順守状況のモニタリング、安全基準の適用、公共空間の利活用などの公共政策に活用できることから、行政の責務を果たすために行う規制や施策に合わせてデータ報告を義務づけるという考え方に基づく提案です。また、義務化の提案と併せて、市民や民間企業が安心してデータを提供できるよう、プライバシーや商業上センシティブな問題に考慮したデータ共有のフレームワークを構築していくことの必要性も示されています。

（3）利用実績データをサービス改善や地域づくりに役立てよう

　モビリティサービスを提供する民間企業では、サービスを通じて取得された様々なデータを活用してサービスの改善に取り組みましょう。その際、サービスを導入することで既存の公共交通等にも影響が及ぶことから、その影響について考慮することが重要になりますが、他の交通サービスへの影響までを 1 つの民間企業が把握することには限界があります。

　そこで、自治体が主体となって、各交通手段の利用実績データを随時獲得し、モニタリングするようにしましょう。そして、何らかの問題がありそう

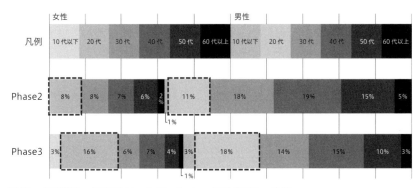

図33 伊豆半島の観光型 MaaS「Izuko」の利用者属性の推移 (出典:東急株式会社提供資料)

な場合には、原因を分析して改善策を検討し、関連する事業者に改善の提案
を行います。これを行うことで、交通全体のシステムを効果的に機能させる
ことが可能になり、ひいては地域の改善にもつながります。

　自治体がこうした対応を行うことができ、鉄道・バス・コミュニティバス
などの利用実績の把握に加えて、カーシェアリング・シェアサイクル・電動
キックボードといった新たな移動サービスの実態も把握できるよう、民間企
業とあらかじめ協議するようにしましょう。

| 事例 6-3 | 利用実績データを活用して
取り組みを段階的に改善 | 伊豆 |

　伊豆半島で展開中の観光型 MaaS「Izuko」では、実証実験を3つのフェー
ズに分けて実施し、利用実績データを確認しながら改善が積み重ねられてい
ますフェーズ3では、メインターゲットの若年層の利用が進んだかどうか
をデータで確認する（図33）など、データが効果的に活用されています。

| 事例 6-4 | 利用者目線でデータをモニタリングし、
より快適なサービスを提供 |

　AI を活用したオンデマンドバスを全国各地で運行しているネクスト・モ
ビリティ株式会社では、サービス提供の状況を利用者目線で確認するために、

希望時間からの待ち時間を可視化しています。車両の台数、利用者数、サービス提供の範囲などによって待ち時間は変動するため、そのモニタリング等を通じて利用者にとってより快適なサービスが提供されています。

<table>
<tr><td>ポイント 7</td><td>活動・移動ニーズを掘り起こす</td></tr>
</table>

1　目指すべき姿

　近年、移動ニーズの多くを自動車が担うようになった結果、公共交通の利用者が減少するにとどまらず、生活や活動が行われる圏域自体が公共交通のサービス圏内から離れてしまったり、自動車利用が困難な高齢者等が移動を伴う活動を控えてしまったりする事態も生じています。それゆえ、地域住民の中には、こうした交通に関する状況の変化により喪失した潜在的な活動ニーズが存在しています。モビリティサービスの導入にあたっては、その潜在的な活動ニーズをコト需要として掘り起こすことが求められます。地域住民に潜在するコト需要の顕在化は地域の活性化にもつながります。こうした認識を関係主体で共有することが、取り組みを推進していく上で重要になります。

　また、新たにモビリティサービスを導入する際、特に需要が少ない地域ではモビリティサービス単独では収支を確保することが難しく、運行内容を変更・改善するだけでは限界がある場合があります。そこで、地域のコトづくりを通じて住民の移動ニーズを掘り起こし、それをもとに地域への波及効果を上げつつ受益者を増やすことで、運賃以外の収入源を開拓することも必要となります。

2　課題

　モビリティサービスを活用して移動ニーズを掘り起こすためには、以下の課題に取り組むことが求められます。
a）サービス利用者の活動ニーズの把握

何らかの活動を実現するために移動していると考えれば、どこからどこへ移動したいかということにとどまらず、どのような活動をするために移動したいのかという活動のニーズを捉えることが重要になります。

b）移動と活動がセットとなったサービスの構築

　利用者に対して活動や移動を動機づけする観点からは、利用者の活動ニーズを活動場所への移動ニーズと捉えて輸送サービスを提供するだけにとどまらず、活動場所で提供されるサービスと輸送サービスとを一体で考えることが重要です。

c）外出や交流の機会の提供

　オンラインショッピングやリモートでの交流が進んだ昨今においても、実空間での交流に対するニーズは残り続けると考えられます。人々が出かけたいと思うような機会をつくり、そのための移動サービスを提供することが重要です。

d）地域に効果的に波及するサービスの設計

　運賃収入だけでなく、新しいモビリティサービスを導入することで生じる地域への波及効果を考慮したサービスの設計、および関係者間での負担の分配方法を考える必要があります。

e）新たな生活様式に対応したサービスの提供

　テレワークの進展により、勤務先から離れた地方都市や郊外地域に住みながらリモートで働くことが可能になりました。そうした新たな生活様式に対応した交通サービスの提供が求められています。

3　課題を乗り越えるために

（1）利用者の真のニーズを把握しよう

　新たなモビリティサービスの沿線や近隣住民の生の声を聞きとることで、アンケート調査等では得られない不満や改善に関する本音を把握できます。利用者もしくは非利用者の声を対話形式で聞きとることで真のニーズを掴み、既存サービスの有効な改善につなげていくようにしましょう。

| 事例 7-1 | 戸別訪問で住民の生の声を集め、不安解消の取り組みに着手 | 十勝・帯広 |

十勝バス株式会社では、市内循環バスの利用者を増やそうと、社長を含めた約30名の職員が沿線の住民宅への戸別訪問を実施しています。各職員が10戸を目安として各戸を訪れ、バスに乗らない理由を直接ヒアリングすることで、「不便というよりも不安」という本音の声を把握することができました。この結果を踏まえて、乗車時刻や乗り方を知らないという「不安」を解消するために、バスの乗り方を記載した路線マップを全戸に配布し、マイクによる挨拶やアナウンスの徹底にも取り組んでいます。

(2) 新たな価値の創出に向けて、目的地となる施設と連携しよう

移動とセットとなるサービスをつくるにあたっては、ユーザーのニーズを踏まえて目的地となる施設（商業・医療・福祉・観光など）等と連携することでサービスを開発することが重要です。これにより単に移動するという価値に対して、移動の先にある活動も享受できるという新しい価値を付与することができます。

| 事例 7-2 | 商業施設との連携から生まれたバスの無料チケット | 川崎市 |

川崎市では、事例 4-8 で紹介した MaaS アプリ「EMot」を活用して、鉄道・バス・タクシー等を組み合わせた経路の検索サービスや、商業施設と連携したバスの無料チケットの配布を行っています。後者は、商業施設に来店し 2000 円以上の買い物をした利用者に対して、往復のバスチケット（帰りと次回来訪時に使用できる 2 回分のチケット）を提供するものです。現在、駐車料金は一定金額以上の買い物で割引になりますが、公共交通で来店した人にも同様の割引をしたいという趣旨から生まれたサービスです。

アンケート調査によると、バス無料チケットの取得者のうち以前よりも商業施設への来店頻度が増えた人の割合は 43％で、対して未取得者ではほとんど増えていない（来店頻度が増えた人の割合は 4％程度）という結果が得

られました。このデータから、目的地となる商業施設とバスの連携が駅前での買い物の促進につながっている可能性を確認できます。

事例 7-3　MaaS アプリを活用した観光事業者との連携　｜　伊豆

事例 6-3 でも取り上げた MaaS アプリ「Izuko」では、交通機関や観光施設等をスマートフォンで検索・予約・決済できるサービスが提供されています。加えて、Izuko のデータを観光事業者と連携することで、①観光施設等の位置情報や施設情報を確認できる地図の提供、②観光商品のデジタルチケットの販売、③観光施設や飲食店等のデジタルチケットの販売、④交通事業者や飲食店等の新型コロナウイルス感染症対策情報や観光施設等の混雑情報の配信にも取り組まれています。

Izuko の管理画面では購買データも確認でき、Phase3 の段階ではさらに進化を遂げ、場所と時間の利用実績が一目でわかるようになりました。こうした一連の取り組みが功を奏し、コロナ禍の中でも利用者の 44%が「Izuko のおかげで新たな観光地に行けた」と回答するなど、高い周遊効果が確認されています。

（3）高齢者等の外出を促進するサービスをつくろう

高齢者等の外出機会の創出に向けた取り組みとしては、自治体や各自治会等が開催する地域活動の実施状況を把握し、目的地となる施設へ送迎するサービスを組み合わせることが考えられます。

そのサービス設計においては、地域の移動圏域を踏まえた上で、市町村を超えた広域でのサービスの提供、目的地などの地域企業との連携・協賛に基づく実証実験の実施、その後の有料化へ向けたプロセスなど、様々な事項に配慮することが求められます。ここでは、生活関連施設等との連携を通じて、日常生活の中で「交通手段を選択し、外出する」という行動変容が起きる動機をつくることが重要になります。自治体としては、特定の施設等の利益に偏ることなく、地域全体として外出機会の創出を促していくようにしましょう。

| 事例 7-4 | 高齢者の外出を促進するイベントの企画 | 豊明市ほか |

事例3-2で紹介したデマンド型タクシー「チョイソコ」では、通常の移動サービスの提供に加えて、高齢者の健康増進につながる外出促進のコトづくりを推進しており、各自治体との連携のもとウォーキングやいちご狩り、歴史講座といったイベントを実施しています。日常生活での「足」としての役割を超え、人々との交流の場、新たな趣味や活動との出会いの場を提供することで、高齢者に「移動できる喜び」を感じてもらうことを目指しています。

| 事例 7-5 | エリアや対象者を限定した
サービスの選択と集中で増収を実現 | 十勝・帯広 |

十勝バス株式会社では、バスの利用者数が減少を続けるなか、経費削減を段階的に行うとともに、「必要最低限の足の確保」と「選択と集中」を2本柱にした営業活動を実施しています。

その1つが、特定エリア内に限定した目的地別（病院・スーパーなど）の時刻表の作成です。また、バス利用を促す各種情報を掲載したチラシも作成しており、車で学校に送迎する父兄に手渡ししたり、出勤時間帯に市役所等の前で配ったりと、対象者を限定しながら配布を行っています。

加えて、「市内乗り放題きっぷ」と「スイーツめぐり券（500円、市内参加店舗のうち4店舗でおすすめ商品と交換できるチケット）」を組み合わせてのチケット販売や、バスの乗車券と目的地の入場券等をセットにした「日帰り路線バスパック」など、目的提案型の企画にも積極的に取り組んでいます。こうした取り組みを継続してきた結果、2011年度には40年ぶりに乗合バス事業の増収を達成しました。

| 事例 7-6 | 高齢者向けの定期券を交付し、
中心市街地への外出を促進 | 富山市 |

富山市では、65歳以上の高齢者を対象に「おでかけ定期券」を交付しています。市内各所から中心市街地までの公共交通を1乗車100円で利用で

きる定期券で（中心市街地の手前で降車する場合は正規料金が発生）、公共交通の利用を促進するとともに、中心市街地への外出機会を増やす取り組みです。2018年度時点では、市内の全高齢者の24%が定期券を所持しており、好評を博しています。一方、歩数の増加に伴う健康の増進（医療費の抑制への期待）、中心市街地の活性化による税収（固定資産税・都市計画税）の増加といった変化も確認されており、市政面から見ても良好な効果を上げている取り組みだと言えるでしょう。

（4）運賃以外の収入源を確保し、サービスを持続させよう

　サービスを持続的に提供していく上では、輸送という特性を活かし、人だけでなく、地元商店の商品を購入者の家まで運ぶデリバリーサービスや買い物代行サービス等のビジネスを併せて展開することにより、運賃以外の収入源の確保を行うことも重要です。

　モビリティサービスを利用する際には利用料を支払う必要がありますが、この利用料をまかなうためのビジネスづくりを地域で実施することで、移動にかかる経費を実質的に削減もしくはゼロにすることもできます。モビリティサービス以外の取り組みと一緒に考えることで、過疎地域等においてもモビリティサービスを持続させることが求められます。

　しかしながら、行政からの補助がないなかで、運転士の年収確保は難しいのが現状です。そのため、過疎地域に見られる「半農半X」というライフスタイルと同様に、収入の拡大や働き手の確保を図る上では運賃以外の収入源を得ていくことが必要となります。その一例としては、郵便事業と連携したゆうパックの配達、地元飲食店の料理の配送等が考えられます。

事例 7-7	地域住民が小さなビジネスや健康づくり活動に参画できる仕組みを構築	大田市

　島根県大田市では、定額タクシーの実証運行と連携して、地区内の「小さな拠点」である井田まちづくりセンターとの協働による「小さなビジネスづくり事業」を展開しています。定額タクシーで外出の足を確保するとともに、

図34 定額タクシーと連携して高齢者が小さなビジネスに取り組む大田市の事業（出典：井田いきいきプロジェクト提供資料）

地域住民が地元産品を活かした小さなビジネスや健康づくり活動に参画できる仕組みです（図34）。

　ビジネスの内容は、地域住民が参加して行われた5回のワークショップでの話し合いを経て、決定されています。一方、この事業には、住民の定額タクシーに対する費用負担力を高めると同時に、運行に要する自治体側の助成負担を軽減することも期待されています。また、健康づくり活動についても、介護予防になるとともに、いずれは市の財政負担を軽減する役割を果たすことにもつながると考えられます（2章1節参照）。

| 事例 7-8 | 商業施設と連携し、MaaS アプリで多様なサービスを提供 | 京丹後市 |

　WILLER 株式会社では、MaaS アプリにより、デマンド型交通の配車予約、決済機能の提供、鉄道・路線バスなどの複合経路検索機能の提供を行っています。デマンド型交通は、津波等の災害発生時における移動手段としても提供されています。

　一方、交通サービス以外にも、各種商業施設の商品のオンライン販売とデリバリーサービスの提供、商業施設等の混雑情報の配信など、コロナ禍での新しい生活様式に対応した多様なサービスが提供されています。運転免許を返納した高齢者から移動が便利になったといった声もあり、交通弱者への利

便性を高める取り組みとしても期待できます。

（5）新たな生活様式を支援するサービスを構築しよう

　ワーケーション・2地域居住・テレワーク等の新たな生活様式で活動している人々の日々の生活ニーズに対応するためには、施設側のサービスだけでなく、そうした人々の移動をいかに支援していくかが課題になります。都市部から訪れる利用者を想定する場合には、運転免許証の非保有者の存在にも留意が必要です。

　滞在が一定期間にわたる場合には、生活サービスへのアクセスが重要となるため、各種施設への移動を支援することが求められます。そこでは、自治体が地域全体としてそうした新たな交流人口・関係人口の生活様式をバックアップしていくにあたり、協議の場を設置することが考えられます。

事例 7-9	MaaS アプリを活用した 新たな生活様式への対応	伊豆

　リモート化が進む昨今は、移住することなく週末だけ大自然の中で過ごすワーケーションも可能になりました。また、1週間滞在して、午前中は仕事をこなし、午後からは観光を楽しむといった働き方をする人も見られます。そうしたワーケーション利用者にとって、こうした移動を支えるサービスは相性がよいと思われます。また、伊豆は医療が充実している上に物価も安いことから、今後は2地域居住の場としても注目されることが予想されます。

ポイント8　自律的・継続的な事業実現を支援する

1　目指すべき姿

　交通需要の少ない地域では、市民の移動の足を確保する観点から、交通事業者に対して行政が赤字を補填する形で支援を行い、サービスを継続させて

きました。しかしながら、行政の財政にも限界があり、今後の人口減少の流れを踏まえると、持続性が高い方法とは必ずしも言えません。また、モビリティサービスの多くでは民間事業者の存在が不可欠ですが、いくら市民にとって便利なサービスであったとしても、収益が上げられない事業を継続することは不可能です。

　このような背景を踏まえて、特に需要が少ない地域においては、行政による一定の支援を前提にしつつ、民間事業者としてはモビリティサービスが持続的に提供できるように努めていく必要があります。ですが、民間事業者による利用促進やコスト削減の努力を単純に行政の負担軽減として受けとめてしまっては、民間事業者として利用促進や効率化に取り組むメリットがありません。また、行政の支援が得られるからと悠長に構えていられる余裕もありません。人口減少を背景とした行政の財政事情を鑑みれば、支援が永続的に続くものではないことは明らかです。ですから、民間事業者と行政がそれぞれに負担を押しつけあうのではなく、お互いが信頼し、協力しながら共に努力する関係性のもとで、モビリティサービスを活用して創造的な解決策を導き出していく必要があります。

2　課題

　自律的・継続的なモビリティサービスを実現するために、以下の課題に取り組むことが求められます。

a) 交通以外の分野への波及効果を踏まえた支援の実施

　民間事業者による採算だけでは継続が困難なモビリティサービスでは、自治体による支援が考えられますが、移動手段を確保するという交通面の理由だけでは公的資金を投入するにも限界があります。ですので、モビリティサービスがもたらす交通以外の分野への波及効果に着目して、サービスの導入を支援していくことの意義を明確化することが重要です。

b) 民間事業者の挑戦に対する行政からの積極的な支援の実施

　新たなモビリティサービスの導入にあたっては行政と民間事業者が連携して取り組むことが重要ですが、まったく新しいビジネスや事業への参入は民

間事業者がリスクを負って取り組むこととなります。そのため、新たなサービスが公共性の高い取り組みである場合には、行政がリスクを緩和するように支援することが求められます。

c）サービスを地域に根づかせる環境づくり

モビリティサービスを地域に根づかせるためには、サービス単独の持続性に着目するのではなく、地域社会を支える1つの装置としてサービスを組み込んでいく環境づくりが重要です。

3　課題を乗り越えるために

（1）分野や部局の垣根を超えて、既存の移動サービスを統合しよう

新たにモビリティサービスを導入することで、外出促進による高齢者の健康増進、自動車からの公共交通への転換による交通事故のリスクの削減、渋滞の削減といった効果を得ることができます。モビリティサービスを通じてこうした効果が得られることは、見方を変えれば、これらの政策目的を達成する手段としてモビリティサービスが機能することにほかなりません。そのため、自治体内でこれらの効果を共有し、可能な限り定量的に効果を計測することで、交通部局を超えて複数の部局にまたがる体制で新たなモビリティサービスを支援していく上での根拠を形づくることが可能になると考えられます。

例えば、自治体では、地域住民の生活支援や子供たちの通学支援のため、福祉バスやコミュニティバス・スクールバス等の運行や補助を行っている場合があります。こうした取り組みに対して、各サービスの維持費用を原資としながら1つのモビリティサービスに統合させることができれば、従来よりも少ない負担で効率の高い移動サービスを提供することが可能となります。

| 事例 8-1 | 既存の巡回バスを乗合送迎サービスに転換 | 明和町 |

群馬県明和町では、自治体が運営していた巡回バス事業の見直しを行い、2020年の4月から「チョイソコ」のシステムを活用して既存の車両を運行

図35　自治体のバス事業を福祉協議会に委託し「チョイソコ」のシステムで運用している明和町の取り組み（出典：社会福祉法人明和町社会福祉協議会のホームページ）

させています（図35）。高齢者や交通弱者を対象とした乗合送迎サービスで、自治体から業務を委託された明和町社会福祉協議会が運営を担っています。一般財団法人トヨタ・モビリティ基金からの支援を受けており、現在は運賃が無料の実証実験を実施している段階です。今後は、3年程度の実験期間を経て、有償事業への移行を目指しています。

事例 8-2	サブスクリプション方式による行政コストの軽減化	大田市

　島根県大田市で導入されている定額制のデマンド型交通「TAKUZO」では、運賃を事前に支払うサブスクリプション方式が採用されています。それにより、人口2000人程度の地区で導入されている一般的なデマンド型交通に比べて高い収益性が実現されています（図36）。

　加えて、TAKUZOの運行が開始したことで、「外出機会が増え元気になっ

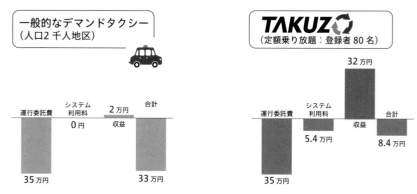

図36 一般的なデマンド型交通と大田市で導入されている定額制のデマンド型交通「TAKUZO」の1カ月あたりの行政支出額の比較 (出典：株式会社バイタルリード提供資料)

た」という利用者の声も寄せられており、高齢者の健康増進や医療費の削減といった効果も見込まれます。こうした効果を享受している健康保険部門からの支援も得られることになれば、運行委託面での行政負担はさらに軽減されることになるでしょう。

(2) 中長期的な視点に立って民間事業者を支援しよう

　新たなモビリティサービスが地域に根づき、持続的に提供されるようになるためには、地域住民の生活や行動の様式に変容をもたらす必要があります。しかしながら、人の生活様式は、モビリティサービスが導入されたからといってすぐに変わるものではありません。新しいモビリティサービスが魅力的であったとしても、日常的にマイカーを利用していた人がすぐに自動車を手放し、利用する交通手段を変更することは稀でしょう。いかに魅力的なモビリティサービスであったとしても即効性があるとは限らないことから、自治体としては民間事業者が持続的なサービスを提供できるように、中長期的な視点に立って支援に取り組む必要があります。

　実証実験から本格実装に移行していく段階では、行政が車両を購入し民間事業者に貸与することで民間事業者の運営継続のリスクを低減する取り組みが考えられます。その際、利用者の増加や収益性の向上等の効果が発現する

までには、ある程度の時間を要します。単年ではなく複数年で事業支援を行うことにより中長期的な課題の解決を図る方法を検討することが重要です。

| 事例 8-3 | 車両を町費で購入し、全国に先駆けて自動運転バスを導入 | 境町 |

　茨城県境町では、2020 年 11 月 26 日から全国に先駆けて自動運転バスの定常運行を実施しています。バスの導入にあたっては、初期費用と 5 年間の運行費用として約 5 億 2000 万円の予算を確保し、フランス Navya 社製の車両「ARMA（アルマ）」3 台を町費で購入しました。運行には、電子機器商社の株式会社マクニカと自動運転バス運行のスタートアップである BOLDLY 株式会社が協力しています。町の財政規模からすると予算額は大きいように思われますが、2014 年以降ふるさと納税等により町の収入が大幅に拡大していた背景があります（2013 年度に約 91 億円だった歳入総額が、2019 年度には約 170 億円にまで増加。2019 年度のふるさと納税寄付額は約 31 億円）。

(3) 地域づくりの視点からサービス導入に取り組もう

　移動ニーズを生み出す新たな産業が創出されると、モビリティサービスの利用者が増え、サービスの持続性が高まると考えられます。また、新たなモビリティサービスを構築する MaaS や CASE（自動車産業の新潮流であるコネクテッド・自動運転・シェアリングサービス・電動化の英語の頭文字をつなげた造語）等の新たな領域の技術革新は日進月歩で発展しています。モビリティに関わるスタートアップ企業をはじめとして各種ビジネスの支援を行うことで、地域産業の活性化や雇用の創出が期待できます。

　自治体にとって、モビリティサービスの導入は、移動の足を確保する取り組みであるとともに、地域づくりそのものと捉えることができます。したがって、市民のニーズに対応するモビリティサービスの導入を、地域づくりの取り組みとして捉えなおし、その恩恵を地域に幅広く波及させていく視点が重要になります。

図 37　会津若松市のスマートシティ関連企業が入居する「スマートシティ AiCT」（出典：会津若松市提供資料）

| 事例 8-4 | スマートシティに関わる ICT 企業を集積 | 会津若松市 |

　福島県会津若松市では、「スマートシティ会津若松」の取り組みの一環として、ICT 関連企業の集積の推進を掲げ、オフィス施設「スマートシティ AiCT（アイクト）」を整備しました（図 37、2019 年 4 月オープン）。モビリティ関連の ICT 技術を有する企業や地元企業が入居しており、積極的に交流を図りながら地域課題の解決を目指す各種の連携事業が生まれています。
〈進行中の事業の一例〉
・ワンウェイ方式のカーシェアリングサービスの実証実験（オリックス自動車株式会社、三井住友海上火災保険株式会社）
・ID 決済プラットフォーム「会津財布」（TIS 株式会社、東芝データ株式会社）
・モビリティ×地域コンテンツの実証実験（三菱商事株式会社）

＊1　ビジネスを生態系になぞらえた言葉。様々な要素が相互に依存しあって 1 つのビジネス環境を形成している様子を表す。
＊2　需給に応じて、一定の範囲内で運賃を変動させることができる変動運賃制度。
＊3　バス・タクシー事業が成り立たない地域で輸送手段の確保が必要な場合に、安全上必要な措置をとった上で、市町村や NPO 法人等が自家用車を用いて提供する運送サービス。
＊4　あるサービスの機能や管理するデータ等を他のサービスやアプリケーションから呼び出して利用するための接続仕様のこと。

5章

モビリティサービスを活用しやすくする
仕組みづくり

　前章では、モビリティサービスを活用する際に直面する可能性がある課題に対して、今すぐにその課題を乗り越えられるようにするための方策や事例を紹介しました。そこで示した課題の中には、現行の制度が障害となって生じているものがあります。そして、そうした課題は、交通分野に限らず、福祉・医療・商業・文化・観光など、交通と連携する可能性がある分野にも広く関係しています。それゆえ、モビリティサービスの導入に関わる取り組みを一層普及させていくためには、法制度を含む仕組みをデジタル化が進む社会に対応させていくことが求められます。

　そこで本章では、モビリティサービスの活用を促進していく観点から、既存の仕組みの改善についての提案を紹介します。モビリティサービスの活用に取り組むみなさんにとっても、法制度上どのような問題があるのかを知ることは、スムーズに取り組みを進める上でも重要なことですので、参考にしてください。

5.1 交通関連制度の変革

　交通分野においては、安全の確保や利用者の利便性の確保などを目的に、道路運送法等の交通関連法令により種々の規制が定められています。その一方で、多様なモビリティサービスを導入するにあたっては、そうした規制が結果的に障壁として作用する場合があります。

　かつて公共交通の需要が多く自立採算が可能だった時代には、国は交通事業者に地域での独占を認め、画一的な規制を行ってきました。その後、マイカーの発達や人口減少等を背景に地方の公共交通の自立採算・内部補助は困難になり、公的資金の支出により地域交通のネットワーク確保の責任を行使している地方公共団体の役割が増すようになりました。また、技術の発達に伴い、新たな輸送形態が出現したり、求められる規制に変化が生じたりしています。そこで、2013 年に制定された交通政策基本法では、国民の視点に立って交通に関する施策を講ずべきとの方向性が示されました。こうした状況を踏まえると、地域の事情を柔軟に反映させたサービス設計が可能となるような法制度の変革が望まれます。

表 1　交通関連法令による規制の改善の方向性

規制の意義	規制の具体的内容	改善の方向性
安全の確保	・運行管理者制度 ・乗務員の資格 ・過重労働の禁止 ・事故報告制度	交通が安全であることは何よりも重要であり、国による規制が引き続き必要である。一方で、IT の活用などにより、簡素にして実効性の高い安全規制の仕組みを追求していく必要がある。
利用者の保護	・運賃料金規制 ・約款に関する規制 ・運送引受義務 ・利用者に対する不当な運送条件の設定の禁止	規制の必要性等を精査して、柔軟なサービス設計が可能な制度とする。
経営基盤の安定の確保 事業の適正な運営の確保	・参入規制（適切な事業計画、的確な事業遂行能力） ・運賃料金規制（適正原価・適正利潤・不当競争防止）	新技術の導入・新規参入を妨げない参入規制・運用とする。

ここで、交通関連法令の規制に対する改善の方向性を表1に記します。

なお、モビリティサービスは道路を用いたサービスに限られませんが、サービス設計の自由度の高い道路を用いたサービスの技術開発が盛んであり、交通事業法が想定していなかった事象が起こりやすいのもこの領域であることから、本書においては道路を用いたサービスを対象としています。

以降、改善に関する提案の具体的な内容について紹介していきます。

1 地域の実情に応じたサービスの実現に向けて、地域公共交通会議のあり方を見直す

(1) 課題

・「地域公共交通会議及び運営協議会に関する国土交通省としての考え方について」（自動車局長通達）では、一般乗合旅客自動車運送事業（バス）においては、路線定期運行を基本とし、全体として整合性のとれたネットワークが構築されることが重要であり、地域公共交通会議における協議にあたっても、このような考え方について関係者の理解が得られるよう努めるものとしています[*1]。

・制度上、議決方法は、必ずしも全会一致を意味するものではなく、多数決など会議等の設置要綱に定められた方法により決することで協議が調ったものとするとされていますが、事実上、既存交通事業者の同意を得ることが協議を調える前提となっている、あるいは内容がどうであるかによらず反対され協議がまとまらないという実態があるという指摘もあります。

(2) 対応方策

・上記の通達で路線定期運行を「基本」としているのは、既存の路線定期運行に携わる事業者に既得権益があるとの誤解を招いているきらいもあることから、既存の路線定期運行を存続させることの重要性には留意しつつも、本通達の見直しを行うべきであると考えられます。

(3) 期待される効果

・地域公共交通会議の本来の趣旨である、交通事業者も地域交通の利便性の
向上に積極的に貢献するという位置づけが明確化されることで、より地域
の実情・需要に応じた運送サービスが提供されることとなり、地域住民の
利便性の確保・向上につながると考えられます。

　ここで、地域公共交通会議のあり方について補足しておきます。地域公共
交通活性化再生法（地域公共交通の活性化及び再生に関する法律）の下で、
市町村は、地域の実情に応じた、地域にとって最適な公共交通のあり方につ
いて、自らが中心となって、また他の市町村や都道府県と連携して、関係す
る公共交通事業者・道路管理者・港湾管理者・公安委員会・住民その他の地
域の関係者と検討・合意形成を図り、また合意がなされた取り組みの実施に
向けて、地域の関係者と連携しつつ、主体的に取り組むことと役割が定義さ
れています（地域公共交通の活性化及び再生の促進に関する基本方針）。ま
た、道路運送法に基づく地域公共交通会議の仕組みの下でも、導入するサー
ビスの内容について、地方公共団体・一般乗合旅客自動車運送事業者・住民
その他の国土交通省令で定める関係者間の協議を整えることが求められま
す[2]。これらの仕組みは、地域にとって最適な公共交通や具体的なサービス
のあり方について、住民の代表である自治体だけでなく、事業者を含む幅広
い関係者を交えて判断することを求めている点に特徴があります。
　こうした仕組みの中で、住民のモビリティ確保に責任を負うとともに、補
助金・運行委託料の形で地域公共交通の実質的な出資者・発注者の役割も
担っている地方自治体の方針を他の主体との間でどのように反映していくべ
きか、引き続き各地の実情に合わせて検討と実践を進め、地域の公共交通の
あるべき姿を議論していくことが期待されます。
　また、自治体を中心とする地域の施策と運輸局の許認可実務の間の関係に
ついても、引き続き整理が必要です。自治体が事業主体となる交通サービス
では、その利用者の利便性の確保については自治体がすでに担保していると
考えられます。運輸局の許認可については、形式的になることを避け、自治
体を中心とする地域の創意工夫を妨げないような制度の運用が求められます。

コラム 地域公共交通会議に関する制度上の説明

　地域公共交通会議における事業者の立場や参入可否の判断に関する制度上の説明を紹介します。いずれも、文面上は単に既存事業保護を謳ったものではなく、地域の実情に応じたネットワークとして整合性のあるサービス設計の実現に向けて責任ある議論を求めていることを押さえておく必要があります。

○一般乗合旅客自動車運送事業の申請に対する処理方針（平成 13 年 8 月 29日、国自旅第 71 号、国土交通省自動車交通局長から各地方運輸局長・沖縄総合事務局長あて通達、平成 26 年 1 月 24 日最終改正）
　・別紙 1 の(2)の③
　　路線不定期運行及び区域運行は、利用者利便の確保のため路線定期運行との整合性がとられているもの（地域公共交通会議又は道路運送法施行規則（昭和 26 年運輸省令第 75 号。以下「規則」という。）第 9 条第 2 項に規定する協議会（以下「地域公共交通会議等」という。）で地域交通のネットワークを構築する観点から協議が調っていること。ただし、交通空白地帯、交通空白時間又は過疎地であって路線定期運行によるものが不在である場合等明らかに路線定期運行との整合性をとる必要がない場合はこの限りではない。）であること。

○地域公共交通会議及び運営協議会に関する国土交通省としての考え方について（平成 18 年 9 月 15 日、国自旅第 161 号、令和 2 年 11 月 27 日最終改正）
　・なお、一般乗合旅客自動車運送事業においては、各々の事業者が地域交通の利便性向上に積極的に貢献することを前提としつつ、路線定期運行を基本とし、全体として整合性のとれたネットワークが構築されることが重要であり、地域公共交通会議における協議に当たっても、このような考え方について地方公共団体を始めとする関係者の理解が得られるよう努められたい。

○地域公共交通会議及び運営協議会の設置並びに運営に関するガイドライン
（「地域公共交通会議及び運営協議会に関する国土交通省としての考え方に
ついて」の別紙）

　・1の(1)

　　地域公共交通会議は、地域の実情に応じた適切な乗合旅客運送の態様及
　　び運賃・料金等に関する事項、自家用有償旅客運送の必要性、旅客から
　　収受する対価に関する事項、その他一般旅客自動車運送事業に関し必要
　　となる事項を協議するため設置するものとし、地域の需要に即した運送
　　サービスが提供されることにより地域住民の交通利便の確保・向上に寄
　　与するよう努めるものとする。

　・3の(2)

　　地域公共交通会議においては、地域住民の生活に必要な乗合旅客輸送の
　　確保、利便性の向上を図るため、責任ある議論が行われることが求めら
　　れる。その際、路線定期運行を中心に整合性のとれた地域交通ネット
　　ワークが構築されるよう留意する必要がある。なお、法に基づく手続き
　　上協議を調える必要がある事項等については、(7)に規定する。

　・3の(2)の①

　　地域公共交通会議では、地域の実情に応じた適切な運行の態様について
　　十分な協議を行うことが重要である。路線不定期運行又は区域運行につ
　　いては、利用者利便の確保のため路線定期運行との整合性がとられてい
　　るものであることについて適切に判断されることが必要である。

　・5の(1)

　　会議等の協議を行うに当たっては、公正・中立な運営を確保するため、
　　構成員のバランスにも配慮し委員の選任を行うとともに、関係者間の
　　コンセンサスの形成をめざして、(4)の検討プロセスに基づき（ただし、
　　地域のニーズに対応した交通手段の確保のために、会議等がこれによら
　　ない協議を行う旨決議した場合を除く。）、十分議論を尽くして行うもの
　　とする。議決については、円滑な運営を確保するため、あらかじめ会議
　　等の設置要綱に議決に係る方法を定めるものとする。

134

> 議決に係る方法は、必ずしも全会一致を意味するものではなく、多数決など会議等の設置要綱に定められた議決方法により決することにより、協議が調ったものとする。

2 タクシー事業者がデマンド型交通に参入しやすくなるよう、事業許可に関する規定を見直す

(1) 課題

・道路運送法上、旅客自動車運送事業（バス・タクシー）の事業許可は、一般乗合旅客自動車運送事業（乗合バス）・一般乗用旅客自動車運送事業（タクシー）等の事業区分ごとに行われています。乗合バスとタクシーの事業区分については、「旅客との契約が複数であれば乗合バス、単数であればタクシー」とされています。

・中山間地等で運行されているタクシー車両を用いたデマンド型交通の多くは、効率的に利用者を運ぶために複数の利用者を乗り合わせる方式が採用されていますが、現行制度上は「乗合バス」に分類されています。

・現状の制度では、デマンド型交通を導入する際に地元のタクシー事業者に運行を依頼しても、乗合バスに関する事業許可を取得していないタクシー事業者ではデマンド型交通を運行できない状態であり、乗合バスの事業許可を別途取得しなければなりません。そのため、乗合バス事業者となるための法令試験、事業許可の申請書類の作成、許可を得るまでに要する時間などの負担やタイムロスが事業者・地域に発生しています。

(2) 対応方策

・一般乗用旅客自動車運送事業の許可しか取得していないタクシー事業者が、自社のタクシー車両で乗合のデマンド型交通を運行できるようにするため、例えば、地域公共交通会議における協議が調った場合というような一定の要件を設けた上で、デマンド型交通限定で一般乗合旅客自動車運送事業（乗合バス）のみなし許可を得られるようにするなどの見直しを行うこ

とが考えられます。

（3）期待される効果

・交通事業者にとっては、自社が展開できるサービスの種類が増えます。一方、地方自治体等にとっては、運行しようとするサービスの委託先事業者の選択肢が増えます。これらにより、輸送サービス供給の活発化・円滑化・効率化を図ることができます。

コラム バスとタクシーの区別

　新しいモビリティサービスの中には、「乗合タクシー」「デマンドバス」などのようにバスとタクシーのどちらに属するのか一見わかりにくいサービスが存在します。そこでは、「車両のタイプ」と「運送契約の結び方」に分けて判別する方法が有効です。これらのサービスでは、一般的なバスとタクシーの区別に必ずしも一致しないケースがあるためです。

　地域社会の側からは、通常「車両のタイプ」という目に見える車の形に基づいてサービス内容を想像することになります。セダンやワゴン車などはタクシーサービスを想像しますし、マイクロバス以上のサイズの車を見ればバスサービスを想像します。これが、通常のサービスとの対応関係を前提とした「車両のタイプ」の分類です。

　一方、法令上の乗合バスとタクシーの違いは、車両のタイプとは必ずしも一致せず、運送契約が複数であれば乗合バス、単数であればタクシーに分類されます。なお、運送契約の複数・単数は、乗客の複数・単数とは異なる概念です。タクシーに友人と一緒に乗っても運賃の支払いは1回ですから、単一の運送契約になります。同僚と割り勘をしたとしても、それは乗客間でのお金のやりとりですので、運送契約が単数であることには変わりません。

　ですが、契約の複数・単数による区別もまた便宜的なものであり、実際には、より公共性の強い「路線事業」とそれ以外の「区域事業」とを区別する

ために機能してきた見方と言えます。情報通信技術が発達していなかった時代には、複数の人を乗り合わせるためには、運行のルートとスケジュールを公表して旅客を集める定時定路線の方法によるほかなく、契約が複数であれば路線バス、単数であれば観光バス・タクシーという図式が成り立ちやすい状況がありました。その後、情報通信技術が発達したことで、タクシー車両を用いた需要応答型の運行でも複数契約をまとめることが可能となり、それにより契約の単数と複数の場合がタクシーサービスの中に共存するようになったことが、バスとタクシーの区別を新たに議論する引き金となるわけです。

　デマンド型交通は、契約が複数であれば法的には乗合バス事業となりますが、実際のサービス設計においては、「路線バスの効率化のために不定期運行化（予約運行化）・区域運行化するのか」「タクシーサービス（ドア・トゥ・ドアまたはそれに近いサービス）を乗合で効率よく提供するのか」といった発想の違いに応じて提供されるサービスの姿は異なってきます。

車両のタイプ	運び方
● 20人乗り以上のいわゆる「バス車両」 ● 10人乗り前後のバン ●セダン	●流し営業・1車両貸切 ●流し営業・乗合* ●呼び出し・1車両貸切 ●呼び出し・乗合 ● 1車両貸切の割り勘（相乗り） ●定時定路線・乗合 ●路線不定期・乗合 ＊日本では存在しないが、運び方を網羅するために挙げた

地域の実情に合わせた組み合わせによるサービス設計

↓事業許可申請

法律上の事業区分

●乗合は乗合バス事業
● 1車両貸切は貸切バスまたはタクシー事業
　▷車両定員 11 名以上は貸切バス
　▷車両定員 10 名以下はタクシー

※典型的な路線バスとタクシーを区別するための論理であり、境界領域においては実態と必ずしも一致しない

図1　地域の実情に合わせたサービス設計と法律上の事業区分の関係

以上見てきたように、法律では形式的に事業が区別されている側面があります。ですので、地域でサービス内容を企画する際には、そうした法令上の事業区分はいったん脇に置き、まずは地域にとってどのようなタイプのサービスがふさわしいかを実情に即して考えることが重要です（図1）。その際、「車両のタイプ」と「運び方」をそれぞれ最適化し、組み合わせることが求められます。その結果が法的にバスであるかタクシーであるかは必ずしも重要ではありません。むしろ、地域のサービス設計に不必要な制約とならない法規制の整備が求められているのが現状です。

3　利用者を特定した乗合運送事業を可能にするよう、事業区分を見直す

（1）課題

・道路運送法では、運送引受義務（空車・空席・空間がある限りすべての利用者に開かれていること）のある一般乗合旅客自動車運送事業（乗合バス）および一般乗用旅客自動車運送事業（タクシー）と、運送引受義務はないが乗合運送ができない一般貸切旅客自動車運送事業（貸切バス）という事業区分になっており、特定多数（会員、特定地域の住民等）に限定して乗合運送を行う事業区分はありません[*3]。

・中山間地などで従来型の輸送サービスの採算が成り立ちにくい地域では、「月額会員制」や「負担金を納めた集落住民限定」といった形で固定料金を払い込むことと引き換えに、必要に応じて輸送してもらう住民限定のデマンド型サービスに対するニーズがあります。

・しかしながら、現行の制度ではこうしたサービスに対応する事業区分がありません。そのため、一般乗合旅客自動車運送事業（乗合バス）の区域運行として事業許可を得た上で、完全に住民限定にはできないものの、実質的に定期券購入者しか乗車できない形をとることで「会員制」の仕組みにしているなど、取り組みに無理が生じています。

（2）対応方策

・道路運送法の中で、利用者を特定した場合の乗合運送事業を新たに位置づける必要があると考えられます。

（3）期待される効果

・利用者を特定した「会員制」の乗合運送事業が可能となることで、地域住民が固定費を支払って維持する「クラブ財」的な輸送手段の導入が促進されることが期待されます。また、これまで「会員制」の乗合運送事業ができなかったために利用者から運賃を徴収していなかった輸送サービス（市町村が借り上げた福祉バス等）でも、運賃を収受することが可能となり、事業費の確保やサービスの持続性の向上にもつながると考えられます。

4　全国でフルデマンドタイプのデマンド型交通が導入しやすくなるよう、区域運行に関する制度を見直す

（1）課題

・デマンド型交通が該当する「区域運行」のカテゴリーは 2006 年の道路運送法改正で事業の態様の 1 つとして正式に位置づけられ、許可基準等が整備されてきました。ですが、その後の技術の進展に伴い、現在は「フルデマンド」と通称されている、区間・経路・時刻のすべてを利用者の希望に合わせるような新たなタイプのデマンド型運行が普及しつつあります。

・従来型のデマンド型交通を前提に整備された許可基準等では、運送の区間ごとに発車時刻もしくは到着時刻または運行間隔時間のいずれかが設定されていることが要件として求められています[4]。

・弾力的に運用されつつあるという実態はあるものの、申請が認められるか否かについては地域間で運用に差異が生じているという指摘もあります。

（2）対応方策

・フルデマンドタイプの運行に関する技術が発達しており、実態としてもフルデマンドタイプのデマンド型交通の導入が進んでいることを踏まえると、

道路運送法施行規則で事業計画等に記載することが定められている発車時刻・到着時刻・運行間隔時間について見直す必要があると考えられます。また、別案としては、同施行規則に係る処理方針において、発車時刻・到着時刻・運行間隔時間をどのように定めておけば許容されるのかなどを明確に示すことで対処する方法も考えられます。

（3）期待される効果

・限られた輸送資源を効率的に活用できるフルデマンドタイプのデマンド型交通が、より明確に導入されやすくなります。また、地域によって申請内容が認められるかどうかの差異が解消され、全国的にフルデマンドタイプのデマンド型交通の導入が進みやすくなります。

5　ダイナミックプライシング（柔軟な運賃運用）のニーズに対応する

（1）課題

・バスの運賃は総括原価方式[*5] に基づく上限運賃制度[*6] により上限が定められており、需要に応じて運賃を上げる際には強い制約がある一方で、運賃を下げるための原資は不足しているというのが現状です。そのため、新しい生活様式に合わせたピークロードプライシング[*7] などの導入が難しいという指摘もあります。

（2）対応方策

・運賃水準の上限の問題については、道路運送法で定められている協議運賃（地域公共交通会議で地方公共団体・一般乗合旅客自動車運送事業者・住民等の関係者間の協議が調った運賃）[*8] は、総括原価方式の上限運賃規制から除外される[*9] ため、その活用が考えられます。この点、地方自治体・交通事業者の間で認識されていないケースが多数見受けられますので、国として制度の活用を周知していく必要があります。
・地域公共交通会議で決められた協議運賃により運賃の上限規制は除外する

ことができても、制度上は事前に全バス停間の運賃を届け出た上でその通りの運賃を収受しなければならない[10]ため、変動運賃の採用はなお難しい状態です。一方、高速バスでは幅運賃による届出が可能であり、事前に届け出た上限額と下限額の範囲内で事業者が自由に運賃を設定することが許されています[11]。したがって、高速バスに認められている幅運賃の制度を、協議運賃や軽微運賃（事業の独占性や地域住民への影響が少ないと認められ、総括原価方式による運賃規制からあらかじめ除外されている類型の運賃）[12]にも認めていくことが考えられます。なお、不適切な運賃が設定される恐れがある場合には、道路運送法第9条第1項第6号に基づく変更命令によりそのような事態を防ぐことができます。

(3) 期待される効果

・ダイナミックプライシング（柔軟な運賃運用）がより広く適用可能になることにより、多様なモビリティサービスが実現できるようになります。

6 さらなる活用が望まれる新たな制度

　1～5項において、モビリティサービスの導入や活用にあたっての交通関連制度上の主要な課題と対応の方向性について示しましたが、これまで制度の見直しがまったく進んでこなかったわけではありません。多様なモビリティサービスが実現しやすい環境の構築に向けて、すでに改善が進んでいる制度も数多くあります。これらの新しい制度については、活用が進むようさらなる普及啓発等を図っていく必要があります。

①運賃の通算化

　これまで、異なる交通手段や異なる交通事業者を乗り継いでも初乗り運賃が加算されず割高にならない「通算制」の導入が望まれていました。これについては、2020年11月に改正・施行された地域公共交通活性化再生法において、「地域公共交通利便増進事業」の制度が創設され、「乗継割引運賃（通し運賃）」がメニューとして新たに位置づけられました。

②様々な割引運賃の実現

利用者の行動変容や異業種の連携を促進するため、定額制や目的地と連携した割引等の様々な割引運賃の実現が望まれていました。これについても、先の「地域公共交通利便増進事業」の制度の中で、「定額制乗り放題運賃」がメニューとして新たに位置づけられています。また、鉄道や乗合バスの運賃制度については、「営業割引」として様々な割引運賃が届出により実施可能となっていたほか、タクシーについても2020年11月に新たに一括定額運賃・変動迎車料金が実施可能となっています。

③貨客混載の推進

　中山間地等で限られた輸送サービス資源を有効に活用していくため、貨客混載のさらなる推進が望まれていました。これについては、これまで道路運送法で可能とされていたバスへの少量貨物の搭載の取り組みが進んでいるほか、2020年11月に改正・施行された地域公共交通活性化再生法において、乗合バス等における貨客混載を行う「貨客運送効率化事業」が新たに創設され、貨客混載に係る手続きが円滑化されるなど、さらなる改善が図られています。タクシーについても、2020年10月にタクシー事業者がフードデリバリー等を実施するために貨物運送の許可を得ることが可能な仕組みが整備されています*13。

④広域的サービス提供における許認可窓口の一元化

　MaaSにより複数の事業者・交通手段を統合した広域的なサービスを実施する際、許認可を取得するための窓口が複数に分かれていることで手続きが煩雑となっていたため、その改善が望まれていました。この点については、2020年11月に改正・施行された地域公共交通活性化再生法において、新モビリティサービス事業計画の認定制度が新たに創設され、交通事業者の運賃設定に係る手続きが一元化されるなどの改善が進められています。

⑤公共交通利用券の提供に関する規制の除外

　目的地の商業施設と公共交通機関が連携した利用促進の試みとして、MaaSアプリを利用して来店者に公共交通の利用券を配布する取り組みが進められています。これは、自動車で来訪した人向けに駐車割引サービスを行っていることの代替となる、公共交通機関による来訪者向けのサービス

になります。こうしたサービスについては、景品表示法上で買い物金額の20％までしか景品を提供できないという規制があったために、日常的な少額の買い物利用では公共交通の利用券を提供できないという問題がありました。その状況に対して、交通利用券の提供も駐車券と同様に正常な商慣習に照らして必要なサービスであることが明確化され、規制から除外されることとなりました。交通関連の規制ではありませんが、他分野と連携する際に障害となる規制についても緩和に向けて取り組むことが求められます。

5.2　サービス連携に向けたデータ環境の整備

　地域で多様なモビリティサービスが連携し、一体的な交通サービスを実現させるためには、各モビリティサービスの事業者が保有するデータを共有・連携していく環境を構築することが前提となります。モビリティに関わるデータは、サービスを提供する事業者が自社内で保有し活用するだけでなく、よりよいサービスの実現に向けて関係者間で共有していく姿勢が求められます。一方、地域の交通ネットワークを確保する責務がある行政側では、データを駆使したマネジメントを実施していく必要があります。

1　新しいモビリティを含めたデータ共有環境の整備

　2020 年 3 月、国土交通省により「MaaS 関連データの連携に関するガイドライン Ver.1.0」が策定され、データの連携を円滑に行う上での考え方が示されました。その後、翌年 4 月には Ver2.0 として改訂されています。公共交通や新しいモビリティサービスの多くを民間企業が主導するなか、現状の望ましい考え方が示された形になりますが、将来的にはルールを標準化していくことで、さらなるデータ連携が進んでいくと考えられます。

　ガイドラインでは、提供することが望ましいデータの項目として、鉄道、バス、フェリー・旅客船、航空、タクシー、レンタカー・レンタサイクルに関する諸データが挙げられていますが、今後は、自転車シェアリングやカーシェアリング、電動キックボード、パーソナルモビリティといった新たな輸

送サービス・交通手段までを含めたデータの標準的な仕様や運用ルール等を定めていくことが求められます。

また、API の標準化に関しては、「関係者との調整を前提として標準的な API 仕様を定めることが望ましい」とされており、個別の取り組みごとに関係者と調整しながら仕様を定めることが推奨されています。しかし、広域的なデータ連携を実現する観点からは、各地域で標準仕様が混在することは非効率であるため、API の標準仕様を定めることも検討していく必要があります。

2　行政がデータを活用できる仕組みの構築

交通経営のための利用実績データを自治体で一元的に把握する上では、民間が保有するデータを公共目的で活用できる仕組みの構築が急務です。

例えば、OECD 世界交通フォーラム（ITF）が 2021 年に公表した報告書「The Innovative Mobility Landscape: The Case of Mobility as a Service」では、モビリティ関連のデータの取得が公共から民間にシフトしている一方で、それらのデータは行政での公共政策の立案に活用できることから、民間に対してデータの報告を義務化することが提案されています。また、アメリカでは、Open Mobility Foundation が主導して MDS（Mobility Data Specification）と呼ばれる官民連携のデータ仕様を定めており、同国内のみならず、わずか 2 年近くで世界 100 都市以上の自治体が採用し、急速に普及しています。このように、民間企業が保有するデータを行政と共有し、サービスを一緒に改善していく取り組みが進んでいます。

わが国においても、運輸局への許認可の電子申請の実現と併せて国へのデータ提供を義務化することや、国に事業報告してもらいその内容を電子化した上で自治体と共有していくといった取り組みが考えられます。また、行政による DX 化支援と連動した利用実績データ報告の枠組みを設けることも考えられます。加えて、災害時の移動を確保しておく観点からも、交通事業者から国・自治体へのデータ提供を義務化することも検討する必要があります。

コラム MDS とは

　MDS（Mobility Data Specification）は、自治体が道路上の交通のマネジメントに活用しているデジタルツールで、自治体とシェアサイクルや電動キックボード、カーシェアリング等の事業者との間のデータ共有が標準化されています（図2）。これにより、自治体では政策をデジタルで共有・検証でき、車両管理等の取り組みを改善することができます。一方、事業者に対しては、新たな市場で再利用できるフレームワークを提供することで、時間とコストを節約したシームレスなコラボレーションを可能にしています。

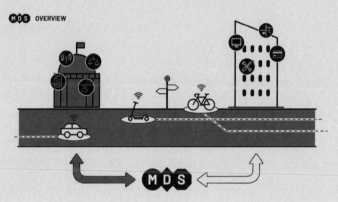

図2　MDSのイメージ図 （出典：OPEN MOBILITY FOUNDATION のホームページ）

5.3　実証実験の円滑化・充実化

　モビリティサービスの新たな導入にあたっては、より効果的な取り組みにしていくために、まずは実証実験という形でサービスを提供し、本格導入に向けた検証を行うことが通例となっています。そうした実証実験に対しては、国などから助成が行われていますので、補助制度に従って実験を進めていく必要があります。したがって、実証実験およびその補助制度を改善することで、モビリティサービスの導入をより円滑にしていくことが期待されます。

1　利用者目線に立った実証実験支援制度への改善

　新しいモビリティサービスを含むスマートシティの実装に向けて、国では関連事業の公募を実施した上で事業費等の支援を行っています。そのサイクルは、公募・事業選定は年度頭から7月頃で、選定された自治体ではそこから実験準備に着手、年末に実験を実施し、年度末に結果を報告するというのが通例となっています。しかしながら、このサイクルでは準備期間が短いため、十分な協議・調整が行えないままに実験を実施しているケースが見受けられます。また、人が従来の行動を変えるには時間を要しますが、短期間の実験ではその行動変容を期待することは難しいと考えられます。ましてや、その実施時期が冬場になると、地域によっては積雪等の影響で市民の外出がそもそも少なくなる場合もあり、サービスの利用が進まず、検証を十分に行うことができないことも想定されます（冬期での提供を目的としたサービスの場合を除く）。

　ですので、サービス自体が利用者目線で設計されるだけでなく、実証実験を行う環境についても利用者目線を意識することが重要です。そのため、夏や秋に実証実験を実施する団体、その準備や関係者の調整が進んでいる団体を優先的に選定したり、複数年や長期間の実証実験を支援する枠組みを整備するなど、実証実験の支援制度そのものを見直していくことが求められます。

2　実装時に近い状態での実験実施に向けた取り組み

　移動にかかる所要時間や運賃などのサービスレベルは、モビリティサービスの利用者に対する意識や行動変容に直接影響を及ぼします。そのため、実証実験では、可能な限り実装時のサービスと同様の状態をつくりあげることに注力することが求められます。

　しかしながら、現行の法制度が障壁となり、実装時に想定している状態をつくることができない場合があります。例えば、デマンド型交通の実証実験で、白ナンバーの車両ではバス停への乗り入れ等が困難になるといった状況です。また、駅前広場でバス会社やタクシー会社に専用スペースが個別に割り当てられている場合には、新しいモビリティサービスが入れるスペースが

ないため、乗り継ぎの利便性が損なわれることになります。ですので、警察や道路管理者等を含めて、新しいモビリティサービスの導入実験を幅広く支援してもらえる体制を整えていく必要があります。

3　データの十分な分析とノウハウの共有

　継続性の高いモビリティサービスを創出するためには、利用実績等のデータの分析が欠かせません。利用者数やアプリのダウンロード数のみでの評価だけでなく、サービス導入に伴う行動変容や価格受容性をはじめとする様々な視点からの分析が不可欠です。そうしたデータ分析を定着させるためには、分析のノウハウを蓄積・共有し、様々な地域に横展開していくことが求められます。

5.4　地域全体にメリットを波及させる仕組みの構築

　モビリティサービスは、利用者以外の地域全体にも広くメリットを及ぼします。また、行政にとっては、モビリティサービスによって交通以外の他分野の対応が効率化される場合があることも重要です。全体最適の地域経営を実現するためには、モビリティサービス単独ではなく、他分野との最適化を図る必要があります。

　また、そうした取り組みを改善していく上では定量的な評価が必要になります。そこで、クロスセクター効果（多様な部門で発生する多面的な効果）を算定する手法を確立し、その算定結果を活かしてより包括的な地域経営の取り組んでいく仕組みが求められます。

1　官学連携によるクロスセクター効果の算定方法の構築

　地域で移動手段を確保・充実化させていく取り組みは、経済活動の活性化をもたらし、福祉・教育・環境等の他分野の公的負担額を間接的に削減する効果を上げていると考えられます。

　それを明確化するには、ICT 技術の進展により交通と関連分野との連携が

一層進みやすくなった状況を踏まえ、交通分野が下支えしている政策目的との対応関係を整理することが必要です。加えて、新たなモビリティサービス導入によるクロスセクター効果を算定する方法を官学連携で構築していくことが求められます。

コラム クロスセクター効果の算出例（兵庫県福崎町）

　地域公共交通のクロスセクター効果は、運行に対して行政が負担している財政支出と、地域公共交通を廃止した場合に追加的に必要となる行政諸部門の分野別代替費用を比較することで把握できます。

　兵庫県福崎町が運行しているコミュニティバス（サルビア号）を例にクロスセクター効果を算出したものが図3です。福崎町がコミュニティバスに支出する費用が年間約1690万円であるのに対して、コミュニティバスを廃止した場合には分野別代替費用として年間約2330万円が必要になることから、クロスセクター効果額は年間約640万円と算出されます。

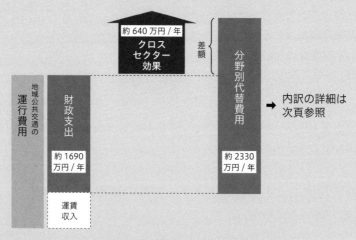

図3　福崎町のコミュニティバスにおけるクロスセクター効果の算出例（出典：近畿運輸局のホームページ「クロスセクター効果『地域公共交通 赤字＝廃止でいいの？』」）

分野	コミバス（サルビア号）が廃止された場合に 追加的に必要となる行財政負担項目		費用
医療	**病院送迎貸切バスの運行** 現在コミバスを利用して通院している人を貸切バスで送迎すると して計上		約1360万円/年
	通院のためのタクシー券配布 現在コミバスを利用して通院している高齢者（車免許なしの人に 限る）を対象にタクシー券を配布するとして計上	最も小さい費用を採用	→ 約450万円/年
	医師による往診 現在コミバスを利用して通院している高齢者（車免許なしの人に 限る）を対象に医師が往診するとして計上		約2880万円/年
	医療費の増加 コミバス利用者が車での送迎等に転換することにより、バス停ま で歩かなくなることで健康が損なわれやすくなることによる医療 費の増加分を計上		約30万円/年
商業	**買物バスの運行** 現在コミバスを利用して買物している人を貸切バスで送迎すると して計上		約1360万円/年
	買物のためのタクシー券配布 現在コミバスを利用して買物している高齢者（車免許なしの人に 限る）を対象にタクシー券を配布するとして計上	最も小さい費用を採用	→ 約810万円/年
	移動販売実施補助 廃止されるバス停で移動販売を実施するとして計上		約830万円/年
観光	**観光地送迎貸切バスの運行** 現在コミバスを利用して観光地に行っている人を貸切バスで送迎 するとして計上		約1510万円/年
	観光地送迎のためのタクシー運賃補助 現在コミバスを利用して観光地に行っている人を対象にタクシー 券を配布するとして計上	最も小さい費用を採用	→ 約90万円/年
福祉	**タクシー券配布（通院・買物・観光以外の自由目的での利用）** 現在コミバスを利用して福祉施設や行政施設等へ行っている高齢 者（車免許なしの人に限る）を対象にタクシー券を配布するとし て計上		約720万円/年
財政	**土地の価値低下等による税収減少** 廃止されるバス停周辺の地価が低下することによる税（土地の固 定資産税及び都市計画税）減少分を想定して計上		約240万円/年
分野別代替費用			約2330万円/年 ←

　富山県富山市では、交通事業者と連携し、65歳以上の高齢者を対象に市内各地から中心市街地へ出かける際の公共交通利用料金を1乗車100円とする「おでかけ定期券」を交付しています（4章、事例7-6参照）。

　この定期券を2016年から2018年に継続して所有した人（継続所有者）とそれ以外の人（非継続所有者）の歩数を比べてみると、継続所有者の方が歩数が多く、年を経るごとに減少幅が少ないという結果が得られました。加えて、継続所有者の方が医療費が低い傾向があることもわかっています。こうした医療費抑制の効果を富山市全体で試算したところ、年間で約7.9億円に上る抑制効果があったそうです。

　また、車に過度に依存したライフスタイルを見直し、歩いて暮らせるまちを実現していくことは、地方自治体の主要な財源の1つである固定資産税の減収を防ぐことにもつながります。富山市では、2012年から2022年の間に固定資産税と都市計画税を合わせた税収が13％増えたという実績が報告されています。

参考：松中亮治編著『公共交通が人とまちを元気にする：数字で読みとく！富山市のコンパクトシティ戦略』（学芸出版社、2021年）

2　移動関連の支出の全貌を自治体内で把握する仕組みの構築

　自治体内でどのような移動サービスが実施されており、それぞれのサービスにいくら補助を行い、全体の総額がいくらかを十分に把握していないケースがありますが、そうした状況は地域の輸送資源を総動員する上で大きな課題となります。クロスセクター効果を算定する上では、路線バス、コミュニティバス、スクールバス、タクシー、自家用有償運送、福祉輸送など、これら各サービスの支出の状況を自治体内で一元的かつ定期的に収集し、全貌を把握する仕組みを構築することが求められます。

3　関係部局間の調整を促進する仕組みの構築

　交通に関する複数の部局間で無駄な財政支出を効率化していくことは重要な取り組みであり、その実現には関係部局等との調整が必要になります。また、部局間の調整を通じて利用者の利便性を高めることができれば、より大きな効果を生むことも期待されます。

　部局を横断して関係者間の調整がスムーズに進むような仕組みの構築が求められます。

4　新たなモビリティサービスを推進するための行政側の支援

　住民間のデジタル・デバイドを解消するには、講習会等の地域活動を実施することが有効です。

　また、新規のビジネスにはリスクが伴うため、車両を自治体が保有した上での運行委託等、交通事業者にとって負担の少ないビジネス環境を自治体側が整備していく必要があります。

　さらには、交通事業者間の連携やサービス間の連携を進めるにあたっては、情報のデジタル化（データ整備・管理・共有）や、個々の事業者間のデータの受け渡しのデジタル化、ユーザーインターフェースである MaaS アプリの普及についても、行政による支援が求められます。

5.5　モビリティツールの導入支援

　自動運転技術や蓄電池の進展、ニーズの多様化を背景に、自動車よりも簡便に扱える電動の小型低速車両が開発されたり、自動運転の実装が段階的に進んだりと、モビリティを取り巻く状況は日々変化しています。こうした新たなツールや技術の開発に歩調を合わせて、法制度の改正や実証実験が続々と進められています。

　新たなモビリティツールの中には、移動の利便性の向上につながる一方で、安全を脅かす可能性があるものもあります。新しいモビリティツールが開発された際には、既存のルールで否定するのではなく、利便性を享受しながら

デメリットを改善していく方法はないかという視点に立って検討を進めることが重要です。

1 新しいモビリティの普及に向けた検討と環境整備の促進

(1) 2人乗りの小型低速四輪車

通常の自動車を運転しなくなった高齢者でも運転でき、しかも二輪車や三輪車にはない安全性と快適性を備えた新しいモビリティツールとして、2人乗りの小型低速四輪車が開発・提案されています。

現在の道路運送車両法では、2人乗りの小型低速四輪車が含まれるカテゴリーがなく、扱いは軽自動車になります[*14]。

現状、道路運送車両法の規制を緩和する「超小型モビリティ認定制度」が制定されています。一方、2人乗りの小型低速四輪車は、まだ市場が限定されており、加えて製品規格として安全性が担保されていないため、採算ベースでの商品化が困難な状況に置かれています（図4）。

また、道路交通法においても、2人乗りの小型低速四輪車は普通自動車に分類され[*15]、普通自動車免許が必要となることから、免許証を返納した高齢者の足としての役割を期待できない状況にあります。道路運送車両法上のカテゴリー化については有識者による議論が行われましたが、「低速で移動

---

①走行エリアが地方自治体×利用目的に限定
　　→実証実験用車両としてのニーズのみであれば、大量生産の見通しが立たず、量産開発に踏み切れない＝低コスト化は実現不可

②一部基準の適用除外が可能
　　→基準緩和の詳細については各地域の軽自動車検査協会の運用に任されているため、将来にわたって認められるかどうか不明
　　→超小型モビリティ制度において認められた基準緩和や適用除外が、車両規格整備時に認められなくなるとこれまでの開発投資が無駄になる＝コスト大幅増要因となる

③時速30km以下の衝突安全性緩和措置
　　→時速30km以下の車両は交通流の妨げとなると地元警察から指摘される可能性が高く、車両開発の解決策とならない

図4　超小型モビリティ設定制度の問題 (出典：株式会社 rimOnO 伊藤慎介代表取締役社長「中小・ベンチャー企業から見た超小型モビリティ制度の課題」(地域と共生する超小型モビリティ勉強会第4回、資料3) をもとに筆者作成)

する車両は有効な考え方であるが、一方、安全でない車両が走行することは回避すべきではないか」[16] などの意見が出され、見送られているのが現状です。ですので、2人乗りの小型低速四輪車の扱いについては、その普及に向けた今後の検討の進展が待たれる状況にあります。

なお、高速道路は走れませんが一般道を時速60kmで走行できるタイプの小型四輪車については、「超小型モビリティ（型式指定車）」のカテゴリーに含まれており、すでに量産タイプの車両が市販されています。

(2) 電動キックボード

電動キックボードは、自転車並みの手軽さで、力を使わずに移動できることを特徴とする立ち乗り型のモビリティツールです。

制度上の扱いとしては、道路運送車両法では第一種原動機付自転車[17]、道路交通法においても原動機付自転車とされてきました[18]。

現在は、事業者からの要望を受けて、普通自転車専用通行帯での走行を可能とする特例措置が整備されています。また、経済産業省による認定を受けた新事業活動計画に基づき、2020年10月から2021年3月にかけて、その実証事業を実施したところです。

なお、電動キックボードを含む一定の大きさ以下の電動モビリティについては、最高速度に応じて規制内容を区分する道路交通法の改正案が2022年3月に閣議決定されています。制度の見直しが進められていることと併せて、今後は安全な走行空間の確保などが課題になると思われます。

(3) 搭乗型移動支援ロボット

セグウェイ等の搭乗型移動支援ロボットは、自ら歩く代わりに、力を使わずに移動できることを特徴とする立ち乗り型のモビリティツールです。

現在の道路運送車両法では、小型特殊自動車の扱いになります[19]。また、道路交通法でも小型特殊自動車の扱いになる[20]ため、使用には運転免許証が必要です。

なお、搭乗型移動支援ロボットの有用性に着目した地方自治体（つくば

市）が実証実験を要望し、国の構造改革特別区域の制度により実現されました。この実験により規制緩和の弊害は認められなかったことが確認され、現在では実証実験が全国でできるように道路運送車両法で搭乗型移動支援ロボットの位置づけを行い、規制緩和が実施されています*21。今後は、通常利用の規制緩和に向けて検討が行われることが期待されます。

（4）電動車いす

　電動車いすは、自ら歩く代わりに、力を使わずに移動できることを特徴とする車いす型のモビリティツールです。障がい者や歩くことが困難な高齢者のモビリティを向上させるツールとして、さらなる普及が期待されています。イギリスでは、「ショップモビリティ」として、ショッピングセンターなどで電動車いすを貸し出すサービスも定着しています。

　速度に関して、これまで時速 6km 以内という規定がありましたが、2022年 3 月に閣議決定された道路交通法の改正案では歩道通行車の最高速度が時速 6 ～ 10km の範囲で検討されており、今後は利用可能領域が広がることが期待されます。それに伴い、歩道のバリアフリー化等、利用環境を向上させていく取り組みが重要になります。

（5）グリーンスローモビリティ

　グリーンスローモビリティは、①従来の公共交通ネットワークを補完する「低速の小さな移動サービス」、②運転手と乗客、乗客同士、乗客と歩行者などのコミュニケーションが弾む機能を持つ「乗って楽しい移動サービス」、③福祉面でのお出かけ支援、地域のにぎわい創出、観光客の満足度向上、高齢者の見守り、地域防災・防犯のための絆の強化等の多様な副次的効果を持つ「コミュニケーション装置」として期待されている小型低速車両です。

　2021 年 5 月に国土交通省が「グリーンスローモビリティの導入と活用のための手引き」を公表し、地域での活用に向けた実証調査を実施するなど、現在その普及に向けた取り組みが進められているところです。今後は、公道での走行に向けた受容性の向上などが望まれます。

2 自動運転の普及に向けた検討と環境整備の促進

現在開発・研究が盛んに進められている自動運転は、交通事故の削減、交通渋滞の緩和、環境負荷の軽減などにつながることが期待されています。また、運転者の負担を大幅に軽減し、移動に関する社会的な課題に対しても新たな解決手段を提供する可能性がある点も注目されています。

自動運転を巡っては、国土交通省・警察庁で開発者と密接に意見交換が交わされており、それをもとに各種規制制度の見直しが積極的に行われている段階にあります。2019年に改正された道路交通法では、道路運送車両法の改正と併せて、SAE レベル3（特定の場所でシステムがすべてを操作、緊急時は運転者が操作）の自動運転車が安全に道路を走行できるよう規定が整備されています（図5）。現在は SAE レベル4（従来の運転者の存在を前提としないもの）の自動運転の実現に向けた環境の整備等が焦点となっており、SAE レベル4の自動運転に関するルールのあり方や自動運転システムがカバーできない事態が発生した場合の安全確保の方策等について、警察庁の調査検討委員会などで議論が進められているところです。

一方、自動運転バスの事業化に向けては、道路運送法上の対応措置も望まれています（表2）。

なお、自動運転バスが運行不能になった場合には、警備会社等が現場に駆けつけて対応することが考えられますが、警備会社の従業員は必ずしも二種免許を持っていないため運転を続行することは難しいといったことも指摘されています。

表2　自動運転バスの事業化における道路運送法上の懸案・期待

懸案	・ODD^注から外れた場合の運行義務（ODD 外ではあるが人は運転できるレベルの場合） ・無人車内で危険な状況が推定される場合の乗車拒否
期待	・信用乗車方式による運賃徴収の簡便化 ・運行便の時刻変更や運賃変更のリードタイム緩和 ・複数社で予備車を共有する場合の使用者名義の変更の手間の緩和

注：自動運転システムが正常に作動する前提となる設計上の走行環境に係る特有の条件のこと。
（出典：株式会社みちのりホールディングス「ひたち BRT の自動運転プロジェクトについて」（令和3年度第2回自動運転の実現に向けた調査検討委員会（2021年7月7日）、資料5）をもとに筆者作成）

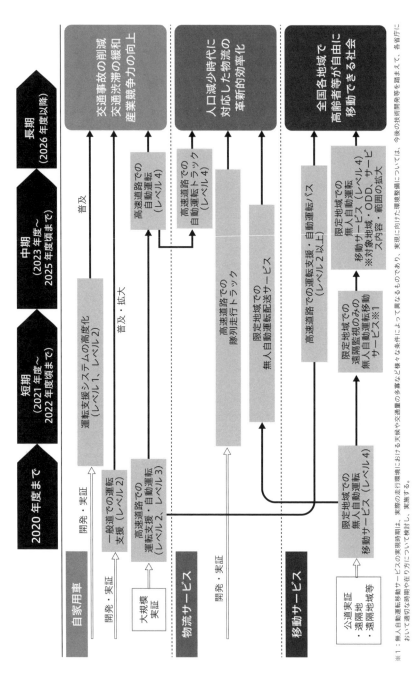

図5 自動運転システムの市場化・サービス実現に向けたシナリオ（出典：内閣官房情報通信技術（IT）総合戦略室資料）

※1：無人自動運転移動サービスの実現時期は、実際の走行環境における天候や装置の多寡など様々な条件によって異なるものであり、実現に向けた環境整備については、今後の技術開発等を踏まえて、各省庁において適切な時期や在り方について検討し、実施する。

道路運送法は、自動車の使用者に対する規制であり、事業者が選任した運転手が運転を行うことを前提としています。また、旅客自動車運送事業運輸規則では、4章で乗務員の運送営業上の義務が定められており、無人自動運転の場合にそれらの義務をどのように履行するかという問題があります。バス事業への無人自動運転の実装に向けては、今後技術が成熟した段階で道路運送法での対応も必要になってくると考えられます。

5.6　既存の交通インフラの改善

モビリティサービスの普及にあたっては、様々な輸送サービスが走行することになる交通インフラの変革も必要です。ここでは、道路空間および駅やバス停などの乗降施設について、改善の方向性を示します。

1　多様なモビリティを受け入れる道路空間づくり

利便性の高いモビリティサービスの普及にあたっては、必要とされる機能に応じて道路空間を再編することが求められます。モビリティサービスの普及が一足先に進んでいる海外の国々では、優先レーンや自動運転を前提とした道路の整備、自動運転による歩車共存空間の拡大、路肩におけるシェアリング車両用の留置・停車スペースの確保、スマートな交差点の運用といった取り組みが広がっています。

優先レーンについては、これまでのバス専用・優先レーンやPTPS（Public Transportation Priority System：公共車両優先システム）の取り組みをさらに推し進め、公共交通の優先度を高めていくことが求められます。また、新たに小型低速車両等を導入する場合には、歩道や自転車レーンとの兼ね合いを考慮しつつ道路空間上の位置づけなどについて検討する必要があります。

また、自動運転に関しては、普及後は従来の手動運転に比べて必要となる幅員が削減される可能性があるため、それを前提にした道路空間の再配分を検討しておくことも求められます。加えて、人為的なミスが減少すると見込まれることから、ハードによらない空間区分が可能となり、歩車共存空間を

これまで以上に幅広い条件下で導入することが可能になると考えられます。そのため、国土交通省の歩行者利便増進道路制度の活用も含めて、歩行者優先の道づくりが積極的に進められることが期待されます。

　一方、シェアサイクル・電動キックボード・オンデマンド型交通等の個別輸送が増大した場合には、バス停以外の路肩で乗降するニーズが増えることが想定されます。そのため、より多くの乗降スペースの設置など、円滑な交通流と乗降を両立させる環境の整備が求められます（図6）。なお、自動車・自転車等のシェアリングサービスでは、ポートを道路敷地外だけでなく道路上の空間に設置することも利便性の向上につながる場合があり、自転車については道路占用によるポートの設置が実際に進んでいます。

　加えて、道路空間での自動車による商行為についても、政策上での位置づ

［シェアサイクルの導入促進に係る特例措置］

<シェアサイクルポート　　　<登録機>　　<充電装置>　　<ラック>
（札幌市）

一定の要件を満たすシェアサイクルポートの設置物・附属物について、3年間、課税標準を価格の3／4とする特例措置を創設。

・対象事業：自転車活用推進法に基づく市町村自転車活用推進計画に記載
　　　　　　されたシェアサイクル事業で、立地適正化計画の都市機能誘導
　　　　　　区域内に存在し、一定の規模等の要件を満たすシェアサイクル
　　　　　　ポートの整備
・対象設置物：ラック、自転車、登録機、充電装置、雨除け　等
・特例期間：2年間（令和3年4月1日〜令和5年3月31日）

［道路空間を活用したカーシェアリング社会実験］

<国道1号 大手町駅ST>　　　<1人乗り小型モビリティ>

図6　国土交通省による個別輸送増加に向けた歩道・路肩利用の
取り組み（出典：国土交通省「令和3年版交通政策白書」）

けの整理が必要です。現在はバスを利用した巡回販売が行われているほか、将来的には移動店舗型の自動運転車が登場することも有力視されています。

2 多様なモビリティが乗り入れしやすい駅前広場づくり

　駅前広場については、新しいモビリティサービスの乗り入れが円滑に行われることが必要です。一部の鉄道駅では、駅前広場へのバス・タクシー等の営業用車両の乗り入れに構内営業権の取得を義務づけて有償としており、配分を固定化しているケースがあります[*22]。また、付け待ちできるタクシー会社が決まっているなどの慣例ができていることで、実態として競争が制限されている状況も見受けられます。駅前広場を含む交通結節点において駐停車スペースの配分の透明性を高めることは、モビリティサービスの普及の観点からも重要な課題であり、今後改善に向けた取り組みが期待されます。

　駅前広場のインフラ空間の配分に関しては、バス、タクシー、自家用車、今後新たに登場する輸送手段について、需要量・待機時間・優先順位などを適切に考慮しながら配分を行い、状況に適合する形に常に改善していくことが求められます。

3 バス停の高機能化・モビリティハブ化

　バス停については、交通事業者が自らの事業に必要な設備として整備するものとされてきた経緯があることから、新しい事業者や輸送サービスがオープンに利用できる施設に必ずしもなっていないのが現状です。この点は需給調整規制の廃止後に実質的に競争を制約している要因としても指摘されていますが[*23]、今後輸送サービスがますます多様化するにあたっては、バス停をこれまで維持してきた事業者の取り組みに対して正当な評価を行いつつ、道路上のあらゆる輸送サービスがバス停を一元的に利用できる仕組みを構築していくことが求められます。その取り組みの中では、輸送サービスの連携からさらに進めて、生活サービス・商業サービス・観光サービス等を含めた様々な機能を集約することで、バス停を「モビリティハブ」へと発展させることも期待されます。

一方、インフラ面では、待合環境の整備が引き続き課題です。マイカーと異なり、バスにとってはバス停が街への「玄関口」となります。しかし、バス停に関してはこれまでほとんど進化してこなかったことが指摘されています。道路管理者・交通管理者・バス事業者・バス利用者などの関係者の役割分担を整理しつつ、待機時間が苦にならない、街にふさわしい玄関口となるような交流拠点化が求められます[24]。

　また、バスの正着性（鉄道のホームのようにバス停に車両がくっつくこと）を高める取り組みも望まれます。その一例として、横浜国立大学では停車時に縁石とタイヤを接触させることで乗降口と停留所の隙間を小さくする正着性の向上について株式会社ブリヂストンと共同研究を行い、路肩の形状をした次世代の正着縁石として「バリアレス縁石」の製品化を実現させています。

＊1　・道路運送法施行規則第9条の2、第9条の3
　　　・「地域公共交通会議及び運営協議会に関する国土交通省としての考え方について」（平成18年9月15日、国自旅第161号、令和2年11月27日最終改正）
＊2　道路運送法第9条第4項等
＊3　道路運送法第3条、第13条、第14条等
＊4　・道路運送法施行規則第4条5項6号
　　　・一般乗合旅客自動車運送事業の申請に対する処理方針別紙1の(5)の④
　　　運送の区間ごとに発車時刻若しくは到着時刻又は運行間隔時間のいずれかが設定されているものであること。なお、発車時刻は、営業所について、到着時刻は、目的地について定めることを原則とする。ただし、運行間隔時間を設定する場合であって、地域公共交通会議等の協議結果に基づく一定の時間帯別の運行回数等が明示されているときにはこの限りでない。
＊5　経営に必要な営業費に適正な利潤を加えた総括原価が総収入と等しくなるように運賃水準を決定する方式。
＊6　運賃の上限を定め、それ以下であれば運賃を柔軟に設定できる制度。
＊7　需要が多い混雑時間帯に追加的に課金すること。
＊8　道路運送法第9条4項
＊9　道路運送法第9条4項
＊10　一般乗合旅客自動車運送事業の実施運賃、協議運賃及び軽微運賃の届出並びに変更命令に関する処理要領（平成13年12月5日、国自旅第117号）の第3の2
＊11　一般乗合旅客自動車運送事業の実施運賃、協議運賃及び軽微運賃の届出並びに変更命令に関する処理要領（平成13年12月5日、国自旅第117号）の第3の4
＊12　道路運送法施行規則第10条
＊13　「タクシー事業者による食料・飲料に係る貨物自動車運送事業の許可の取扱い等について」（令和2年9月10日、国自安第79号、国自旅第201号、国自貨第37号）
＊14　道路運送車両法施行規則第2条に基づく同規則別表第1

＊15　道路交通法施行規則第2条
＊16　令和元年度 第2回車両安全対策検討会（2019年11月26日）、安全－資料4－3
＊17　道路運送法施行規則第2条に基づく同規則別表第1
＊18　道路交通法第2条第1項第10号
＊19　道路運送法施行規則第2条に基づく同規則別表第1
＊20　道路交通法施行規則第2条
＊21　国土交通省自動車局資料「道路運送車両の保安基準、道路運送車両法施行規則等の一部改正
　　　等について」（平成27年7月）
＊22　第1回公共交通の利用円滑化に関する懇談会（2004年10月13日）、資料2など
＊23　中村文彦「市場整備」（土木学会土木計画学研究委員会規制緩和後におけるバスサービスに
　　　関する研究小委員会編『バスサービスハンドブック』土木学会、2006年）
＊24　中村文彦「未来の都市交通のための論点」（令和元年度地域公共交通シンポジウム in 中部、
　　　2019年11月6日）

おわりに

　地域が抱える課題を解決するための重要な方策としてモビリティサービスを活用する。これが、本書の根底にある基本的かつ最も重要な考え方です。人の幸せも地域の持続可能性もモビリティと密接不可分に関わることであり、SDGs もカーボンニュートラルもウェルビーイングもモビリティと関わっています。モビリティは地域の課題を解決する強力なツールの1つです。本書を読まれたみなさんには、私たちが大切にしているこの考え方をご理解いただけたのではないでしょうか。

　ICT の活用により交通分野における技術革新が急速に進み、モビリティサービスは多様化・高度化しつつあります。今までは解決が難しかった移動に関わる問題が解決できる可能性が飛躍的に高まりました。わが国においても多くの取り組みが進みつつあり、なかには世界的に見ても先進的な取り組みも登場しています。しかしながら、多くの取り組みでモビリティサービスの技術的側面がフォーカスされ、地域の課題への対応があまり重視されていない、むしろ軽んじられているようにさえ見えるケースもあります。また、本来地域の課題の解決に対処すべき地方自治体の中には、民間の取り組みであるからと協力関係を構築せず、少し距離をおいてしまう状況もあるようです。モビリティサービスが多様化・高度化しつつあるのに、このままでは地域の課題解決のためのモビリティサービスの実装が進まないのではないか。そう感じられる現実に、強い危機感を覚えました。

　とはいえ、技術の可能性を検証する取り組み自体を否定するものでは決してありません。新しいサービスの創出には技術検証の取り組みも不可欠です。しかし、技術検証の取り組みを続けたとしても、それが長く地域に定着し、地元に愛されるサービスになるとは限りません。そこにはやはり、地域が抱える課題の解決を志向するしっかりとした取り組みが必要なのではないでしょうか。そして、地域課題の解決を志向する取り組みを進めるためには、新たなサービスを共創できるような多様な主体との積極的な協力が不可欠です。

新たに登場しつつあるモビリティサービスは、それぞれの地域の課題解決にふさわしい形で実装されるならば、間違いなく地域の役に立つものです。しかし、このままではモビリティサービスの地域への定着が進まなくなってしまうのではないか。どうすればモビリティ資源を上手に使いこなし、地域に定着するサービスにできるのか。こうした意識のもと、私たちは、地域課題の解決に取り組むみなさんのお役に立てるように、各地域での様々なモビリティサービスの導入事例を収集し、取り組みに際して直面する諸課題とその対応策をとりまとめ、広く知っていただくことにしました。それが本書です。

　地域が抱える課題の解決に役立つモビリティサービスがしっかりと地域に根づく社会が実現するように、私たちは、これからも、みなさんとともに取り組んでいきたいと思います。

　本書は、日本財団の支援を受けて一般財団法人運輸総合研究所が 2020 年に設置した「新しいモビリティサービスの実現方策検討委員会」において 2020 年 7 月から 2022 年 3 月まで行った調査と議論の成果をもとに、「地域の未来を変えるモビリティ研究会」がとりまとめたものです。日本財団の支援に深く感謝申し上げます。また、調査研究において、各地でモビリティサービスを活用し地域課題を解決しようと尽力されている大変多くのみなさまのご協力をいただきました。紙幅の都合上、すべての方のお名前を書くことはできませんが、この場を借りて厚く御礼申し上げます。加えて、本書の出版・編集にあたって有益な助言をいただいた学芸出版社の宮本裕美氏および森國洋行氏に感謝申し上げます。

　本書が、地域が抱える課題をモビリティサービスを活用することで解決していこうとされる方々を勇気づけ、また取り組みを進める上での一助になれば幸いです。最後まで読んでいただきありがとうございました。

2022 年 9 月

宿利正史

モビリティサービスをより詳しく知るための参考図書

「地域公共交通活性化再生」についてもっと知りたい
- 家田仁・小嶋光信監修『地域モビリティの再構築』（薫風社、2021 年）
- 土木学会土木計画学研究委員会規制緩和後におけるバスサービスに関する研究小委員会編『バスサービスハンドブック』（土木学会、2006 年）
- 竹内伝史・磯部友彦・嶋田喜昭・三村泰広・川上洋司『地域交通の計画：政策と工学』（鹿島出版会、2011 年）
- 宇都宮浄人『地域公共交通の統合的政策：日欧比較からみえる新時代』（東洋経済新報社、2020 年）
- 宿利正史・長谷知治編『地域公共交通政策論』（東京大学出版会、2021 年）
- 地域公共交通計画等の作成と運用の手引き
  https://www.mlit.go.jp/sogoseisaku/transport/sosei_transport_tk_000058.html
- 地域公共交通のトリセツ
  https://text.odekake.co.jp/
- 観光と地域交通に関する研究（運輸総合研究所）
  https://www.jttri.or.jp/research/transportation/objresearch_6.html
- 地域でつくる公共交通計画：日本版 LTP 策定のてびき
  https://www.iatss.or.jp/common/pdf/research/h073_t.pdf

「MaaS」についてもっと知りたい
- 牧村和彦『MaaS が都市を変える：移動×都市 DX の最前線』（学芸出版社、2021 年）
- 中村文彦・外山友里絵・牧村和彦『図解ポケット　MaaS がよくわかる本』（秀和システム、2022 年）
- 日高洋祐・牧村和彦・井上岳一・井上佳三『Beyond MaaS　日本から始まる新モビリティ革命：移動と都市の未来』（日経 BP、2020 年）
- 日高洋祐・牧村和彦・井上岳一・井上佳三『MaaS モビリティ革命の先にある全産業のゲームチェンジ』（日経 BP、2018 年）
- 寺前秀一『モバイル交通革命』（東京交通新聞社、2001 年）
- 日本版 MaaS 推進・支援事業の実施について
  https://www.mlit.go.jp/sogoseisaku/transport/sosei_transport_tk_000160.html
- 日本版 MaaS の推進
  https://www.mlit.go.jp/sogoseisaku/japanmaas/promotion/
- 都市と地方の新たなモビリティサービス懇談会
  https://www.mlit.go.jp/sogoseisaku/transport/sosei_transport_tk_000089.html
- Mobility as a Service: your journey starts here
  https://www.uitp.org/news/mobility-as-a-service-your-journey-starts-here/
- The Innovative Mobility Landscape: The Case of Mobility as a Service
  https://www.itf-oecd.org/innovative-mobility-landscape-maas
- JCoMaaS
  https://www.jcomaas.org/

「データ活用」についてもっと知りたい

・海老原城一・中村彰二朗『SmartCity 5.0：地方創生を加速する都市 OS』（インプレス、2019 年）
・MaaS 関連データの連携に関するガイドライン
https://www.mlit.go.jp/report/press/sogo12_hh_000158.html
・総合都市交通体系調査におけるビッグデータ活用の手引き
https://www.mlit.go.jp/toshi/tosiko/toshi_tosiko_tk_000024.html
・バスデータ活用大百科
https://wwwtb.mlit.go.jp/chubu/tsukuro/library/pdf/h31_pamphlet.pdf
・未来投資戦略 2018：「Society 5.0」「データ駆動型社会」への変革
https://www.kantei.go.jp/jp/singi/keizaisaisei/pdf/miraitousi2018_zentai.pdf

「モビリティ・マネジメント」についてもっと知りたい

・藤井聡・谷口綾子・松村暢彦編著『モビリティをマネジメントする：コミュニケーションによる交通戦略』（学芸出版社、2015 年）
・藤井聡・谷口綾子『モビリティ・マネジメント入門：「人と社会」を中心に据えた新しい交通戦略』（学芸出版社、2008 年）
・藤井聡『クルマを捨ててこそ地方は甦る』（PHP 研究所、2017 年）
・土木学会土木計画学研究委員会土木計画のための態度・行動変容研究小委員会『モビリティ・マネジメントの手引き：自動車と公共交通の「かしこい」使い方を考えるための交通施策』（土木学会、2005 年）
・日本モビリティ・マネジメント会議（JCOMM）
https://www.jcomm.or.jp/

「クロスセクター効果」についてもっと知りたい

・松中亮治編著『公共交通が人とまちを元気にする：数字で読みとく！ 富山市のコンパクトシティ戦略』（学芸出版社、2021 年）
・クロスセクター効果「地域公共交通　赤字＝廃止でいいの？」
https://wwwtb.mlit.go.jp/kinki/content/cross_sector_leaflet.pdf

「法制度」についてもっと知りたい

・地域への公共交通導入ガイドブック《道路運送法編》
https://wwwtb.mlit.go.jp/kyushu/content/000032927.pdf

「各地の事例」についてもっと知りたい

・吉田理宏『黄色いバスの奇跡：十勝バスの再生物語』（総合法令出版、2013 年）
・森田創『MaaS 戦記：伊豆に未来の街を創る』（講談社、2020 年）
・中島秀之・松原仁・田柳恵美子編著『スマートモビリティ革命：未来型 AI 公共交通サービス SAVS』（近代科学社、2019 年）
・スマートモビリティチャレンジ
https://www.mobilitychallenge.go.jp/

「新しいモビリティサービスの実現方策検討委員会（一般財団法人運輸総合研究所）」についてもっと知りたい

・新しいモビリティサービスの実現方策検討委員会
https://www.jttri.or.jp/research/transportation/newmobility_portal.html

地域の未来を変えるモビリティ研究会メンバー（2022年3月当時）

〈編著者〉

石田東生（いしだ・はるお）
筑波大学名誉教授。1951 年生まれ。1974 年東京大学土木工学科卒業。1982 年工学博士取得。1977 年より東京工業大学土木工学科、1982 年より筑波大学社会工学系で教員を務め、2017 年に定年退職。現在は、国土交通省社会資本整備審議会、国土審議会委員や、内閣府 SIP「スマートモビリティプラットフォームの構築」のプログラムディレクター候補などを務める。

宿利正史（しゅくり・まさふみ）
一般財団法人運輸総合研究所会長。東京大学公共政策大学院客員教授、一般社団法人国際高速鉄道協会理事長、公益財団法人日本海事センター会長。1951 年生まれ。1974 年東京大学法学部卒業。同年運輸省入省後、国土交通省自動車交通局長、総合政策局長、大臣官房長、国土交通審議官、事務次官などを経て、2018 年より現職。

ウェルビーイングを実現するスマートモビリティ
事例で読みとく地域課題の解決策

2022 年 9 月 10 日 初版第 1 刷発行

編著者	石田東生・宿利正史
著者	地域の未来を変えるモビリティ研究会
発行所	株式会社 学芸出版社
	〒 600-8216 京都市下京区木津屋橋通西洞院東入
	電話 075-343-0811 Email info@gakugei-pub.jp
発行者	井口夏実
編集	宮本裕美・森國洋行
装丁	美馬智
DTP	梁川智子
印刷・製本	モリモト印刷

© 石田東生・宿利正史ほか 2022　　　　　Printed in Japan
ISBN978-4-7615-2833-1

MaaS が都市を変える　移動×都市 DX の最前線
牧村和彦 著　A5 判・224 頁・本体 2300 円＋税

多様な移動を快適化する MaaS。その成功には、都市空間のアップデート、交通手段の連携、ビッグデータの活用が欠かせない。パンデミック以降、感染を防ぐ移動サービスのデジタル化、人間中心の街路再編によるグリーン・リカバリーが加速。世界で躍動する移動×都市 DX の最前線から、スマートシティの実装をデザインする。

デンマークのスマートシティ　データを活用した人間中心の都市づくり
中島健祐 著　四六判・288 頁・本体 2500 円＋税

税金が高くても幸福だと実感できる暮らしと持続可能な経済成長を実現するデンマーク。人々の活動が生みだすビッグデータは、デジタル技術と多様な主体のガバナンスにより活用され、社会を最適化し、暮らしをアップデートする。交通、エネルギー、金融、医療、福祉、教育等のイノベーションを実装する都市づくりの最前線。

世界のコンパクトシティ　都市を賢く縮退するしくみと効果
谷口守 編著／片山健介ほか 著　四六判・252 頁・本体 2700 円＋税

世界で最も住みやすい都市に選ばれ続けるアムステルダム、コペンハーゲン、ベルリン、ストラスブール、ポートランド、トロント、メルボルン。7 都市が実践する広域連携、公共交通整備、用途混合、拠点集約等、都市をコンパクトにするしくみと、エリア価値を高め経済発展を促す効果を解説。日本へのヒント、現地資料も充実。

ストリートデザイン・マネジメント　公共空間を活用する制度・組織・プロセス
出口敦・三浦詩乃・中野卓 編著／中村文彦ほか 著　B5 判・176 頁・本体 2700 円＋税

都市再生の最前線で公共空間の活用が加速している。歩行者天国、オープンカフェ、屋台、パークレット等、ストリートを使いこなす手法も多様化。歩行者にひらく空間デザイン、公民連携の組織運営、社会実験〜本格実施のプロセス、制度のアップデート、エリアマネジメントの進化等、都市をイノベートする方法論を多数の事例から解説。

タクティカル・アーバニズム　小さなアクションから都市を大きく変える
泉山塁威・田村康一郎・矢野拓洋ほか 編著　A5 判・256 頁・本体 2700 円＋税

個人が都市を変えるアクションを起こす時、何から始めればよいのか。都市にインパクトを与え変化が定着するには何が必要なのか。本書は、小さなアクションが拡散し、制度を変え、手法として普及し、社会に定着するアプローチを解説。アメリカと日本の都市の現実に介入し、アップデートしてきた「戦術」を解読、実装しよう。

DMO のプレイス・ブランディング　観光デスティネーションのつくり方
宮崎裕二・岩田賢 編著　A5 判・220 頁・本体 2500 円＋税

感染症の流行、オーバーツーリズム等のリスクに直面する観光業のパラダイムシフトを先取りする戦略とは。集客を追求するプロモーションから、住民や他産業と連携しエリアの価値を磨くブランディングへ。レジリエントな競争力を高める 10 のブランディング手法と、イギリス、アメリカ、ニュージーランド、京都、岐阜等の実践。